此路不通？

一位大學臭汗教師的
學術人生漂流記

林嘉澍——著

推薦序

逆風而上

賴玉玲

嘉澍是一位醫師科學家，陽明大學牙醫學系畢業後，放棄令人稱羨的開業牙醫生涯，脫離舒適圈，在研究路上數度轉折，最後克服萬難在英國完成腦科學研究，回國後在大學有限的資源開創新領域。本書是嘉澍努力執著不停歇的寫實，也是一位年輕老師的熱忱聲音，裡面記錄著激勵人心、有笑又有淚的奮鬥故事。

嘉澍剛上陽明大學時已深具理想抱負，年紀輕輕就以科學研究為目標，大三考上陽明大學生化暨分子生物研究所，然而初踏入基礎研究範疇並不順遂，發現實驗室的發展目標與自己所想有所出入而黯然退出。但當時嘉澍並沒因此挫折而放棄初衷，一邊回到臨床看診累積經費，一邊收集自己有興趣的腦與心智資訊，為自己下階段科學研究探路做準備。後來到英國倫敦帝國學院攻讀神經科學碩士，隨後在牛津大學之人腦與功能性磁振造影實驗室完成博士學位。學成回國面臨沒有適當的研究職缺，為了登入腦科學殿堂，歡喜從研究助理做起，兩年後回母系擔任教職，從事口腔機能與腦功能互動的研究。

雖然嘉澍常喜歡自嘲是不依循常軌之教師，但他無處不是展現其對科學執著的高尚品格，環境的限制讓他偏離跑道，但從不曾放棄自訂的人生軌道。很多學子總是滿懷崇高理念進入實驗室，然而在研究之路上，失敗是十之八九，成果往往只在最後十分之一的盡頭露出端倪。嘉澍以自身的故事鼓勵年輕人勇於承擔挫敗繼續邁進，書中一針見血提出在研究者的養成過程中，要培養獨立面對失敗，再獨立站起來的本事，日後才能成為獨當一面的研究者。因走過不同的路，看了不同的風景，過程中接受風雨的歷練，終將破繭而出。

他在回任母校短短六年內升任教授，除了在重要醫學期刊發表大量高品質學術論文外，也常受邀在國際會議上擔任主持人與主講人；並在其後的三年，出版人腦與口腔功能的英文專書，此書為國際學界首次聚焦神經造影探討口腔功能人腦機制之專著，成就斐然。今天嘉澍的展翅高飛是因為他一直逆風而上，當飛越過眼前的障礙，便成就了心目中的自己。這本書讓我們看到堅持的力量，也能提供給正在人生道路躊躇徬徨的年輕人一個正面的榜樣。

（本文作者為臺北榮民總醫院口腔醫學部主任、國立陽明交通大學牙醫學系教授）

推薦序

真實，而且啟發人心

陳俊太

「你希望自己的人生是一帆風順？還是充滿挫折與挑戰？」現在的網路社群媒體盛行，很多人喜歡在網路上分享自己比較正向、有成就的部分，很容易只是報喜不報憂，但真正的人生還有更多的面向。因此，我非常推薦大家來看林嘉澍老師的這本《此路不通？一位大學臭汗教師的學術人生漂流記》，這是一本很真實的書，也是一本很啟發人心的書。

這本書最特別的地方就是「真實」，呈現出一個大學教師從求學到任教的寫實經歷。不只是 up side，也有 down side。嘉澍老師寫出了人生歷程中努力與辛苦的過程，也生動地描述了他不同時期的挫折經驗，像是三次留學獎學金都被拒絕的故事。從書中，也可以感受到他對研究的濃厚興趣。雖然嘉澍老師寫了他自己在大學讀牙醫學系的過程，但是不同科系的人在讀這本書的時候，應該都可以想到自己的學習歷程。我自己是應用化學系畢業的，在求學的時候，也有像嘉澍老師一樣對自己未來感到迷惘的時候。而那時最重要的是問自己的內心，真正想要與追求的是什麼？

除了學生與老師，嘉澍老師的這本書也很值得學校行政長官、甚至是教育政策的制定者來看，因為這本書的後半部說出了很多大學老師的心聲。我在讀這本書後半部書稿的時候，剛好因為小孩生病，人就待在兒童醫院的急診室外面。所以在讀到書裡寫到老師們除了學校事務，還要兼顧個人與家庭生活，更是有深刻的體會。

整本書我最喜歡的地方，便是提到老師就是「擺渡人」。關於這個觀點，我自己也深有同感。在我剛當老師的時候，也曾經只關心及專注在自己研究的成就上，但是隨著時間過去，漸漸地發現身為老師，真的可以在學生許多迷茫的時候，幫忙推一把。期待有更多讀者也和我們一同加入擺渡人的行列。

（本文作者為國立陽明交通大學應用化學系特聘教授、理學院副院長、腹語師、脫口秀演員，粉絲專頁「陳俊太—阿太老師」。）

推薦序

你所不知道的教授人生

黃俊儒

一位大學臭汗教師的學術人生漂流記？如果有人嘗試透過這個書名副標來理解這本書是在分享一個教授在養成過程中，所遭遇的顛沛悲慘故事，我想可能會滿腦子的黑人問號？因為作者林嘉澍教授一路從人人稱羨的名校醫學生（牙醫）畢業，之後留學英國名校取得碩士學位，再到更有名的名校取得博士學位，最後回到一樣是名校的大學教書，根本是滿滿的人生勝利方程式組合啊！

「這樣的際遇還要跟我抱怨人生好難，那你一定是在開玩笑吧？」不過，如果你有機會走訪台灣一些美麗的大學校園，稍加留意就會發現，倘徉在校園中悠閒散步的，多數是住在學校附近的居民，而旁邊飄過的那些行色匆匆、心事重重的遊魂者，往往才是這個學校裡面的教授。有學者分析，台灣教授就是一群罹患「時間貧窮」的人。

在這本書中，林老師用十分幽默且自我調侃的方式訴說許多學術圈外人不太容易瞭解的教授甘苦，讓我讀來心有所感，可能是屬於圈內人的心路共鳴吧！雖然嚴格說起來，作者所經歷的故事與我見過最慘烈的學術同儕故事還有段距離，但他卻可能是多數校園中教授的普遍生活寫照。

學術這行飯，背後有著許多鮮為人知的辛苦與掙扎。儘管無法否認的是，恐怕會有讀者認為「你們這種人不就是在心甘情願地虐待自己嗎？」但這需要從小慢慢被磨練，得投資很久、經歷各種孤獨又不被理解的過程、最後錢還賺不多，甚至在受盡各種折磨之後，還得透過自我對話來激勵自己「雖然這樣這樣，但我依然要義無反顧地那樣那樣……」這不是自虐，什麼才是自虐呢？或許，這就是在大學教書一種難以言傳的魅力吧！如果你對這種「魅力」感到好奇，歡迎先從這本書領略看看。

（本文作者為國立中正大學通識教育中心特聘教授、現任教育部「教學實踐研究計畫」計畫總主持人、一一二年師鐸獎得主）

推薦序

一起加入打怪行列吧！

林元敏

我跟 tree 哥認識很久了，算一算，大概接近三十年。當然，如果要以 tree 哥嚴謹的學術作風來記錄的話，是二十九年又一個月（到二〇二三年九月）。嘉澍為什麼被稱為 tree 哥，正是因「澍」這個字。當年我們大學入學的時候，沒有人知道澍這個字的中文意思，反正跟樹這個字有三分之二像，那綽號就叫「tree 哥」好了。現在看來，澍這個字，有即時雨、滋潤、潤澤大地的意思，不正符合他的人生志業：春風化雨嗎？

我跟嘉澍在大學時和另一位張同學（現在是張醫師了）被稱為「三途判」（編按：三途判是霹靂布袋戲的反派組合，全稱為滅境三途判，角色分別是鬼王棺、業途靈、腹中首）。聽到這個名字，就知道我們三位在牙醫學系是離經叛道的怪咖，當然這三位怪咖的怪程度，以 tree 哥為首，畢竟三途判這個名字就是他取的。雖然說我們三個都被認定是怪咖，但其實只是我們信奉的人生準則不符合大部分牙醫學系學生與社會大眾的主流價值觀：「當個成功的開業牙醫師」。但但是人類之所以一直進步，就是需要這些逆風而行的人。

嘉澍是個細膩敏感又富有夢想的人，他以勇者之姿，一個人闖入牙科行為科學的魔界，一個人打倒沿路的史萊姆、哥布林、獸人族與大魔王，他唯一的遺憾，大概就是沒有其他的勇者跟他一起踏上旅途，好在路途上有許多幫他補血的法師（欣賞他的教授們），幫一路上幫助他的旅程更順利。十個人的蜜用旅行成功勇者的道路，雖然孤獨，但肯定非常精彩，這本書就是tree哥在學術界的勇者日記，非常適合給迷惘的學生、在學術生涯打拚的年輕學者，甚至掌握學術話語權的大老好好研讀，好讓未來有更多的勇者可以跟著tree哥一起踏上旅途，朝向打怪之路勇敢前進吧！

（本文作者為國立陽明交通大學牙醫學系教授、口腔組織工程與生技材料研究所所長；也是一名吉他手，粉絲專頁「搖滾教授林元敏」。）

推薦序

獨立研究者的叛逆跟浪漫

胡哲銘

求學及學術研究的歷程上有許多的抉擇、辛酸、挫折、成就和喜悅，在資訊爆炸、領域交錯的時代，也讓許多學子在面臨選擇傳統穩定的渠道或跨入新興充滿未知的領域時有許多迷惘。林嘉澍教授在《此路不通？一名大學臭汗教師的學術人生漂流記》中詼諧地闡述了他與眾不同的學術生涯，描繪了自己從牙醫背景轉行至腦神經的研究過程中極具特色的國外求學及求職經歷。內容充滿崎嶇卻帶有許多啟發，如同是聆聽 Bon Jovi 的 *It's my life*。

書裡也生動地敘述了林教授從傳統的牙醫師訓練、進入當兵的磨練，而後決定留學英國進行腦神經研究，以及回台灣任教職的點點滴滴，文中不泛對文化、制度及領域隔閡的陳述，並深刻地琢磨了生科研究人員的甘苦及喜悅，同時更是強調了研究人員、甚至每個人對自我都應該有的使命感。其內容對不同層次的讀者有多元的迴響，不論是求學學子、執業醫師、教授、研究人員，以及學術主管皆能對之產生共鳴。

本書特別引人入勝的地方是作者對「獨立研究者」的見解。「有獨立挨罵的能力，還有挨罵後繼續獨立下去的能力」一語道盡了學術自由以及自我實現背後所要背負的包袱。回想起我自己踏入跨領域研究的學術歷程，不禁感受多處共鳴。從我大學時脫離家人從小賦予從醫的厚望進入新興的生物工程領域，到研發新興的奈米醫藥平台，每個新穎的想法及不妥協的決定，都時常要獨自承受父母、親友、同儕或是審查委員的不理解。不過這也就是「獨立研究者」的叛逆跟浪漫，別人要是這麼容易理解，還獨立研究什麼呢？而當你成為全世界第一個洞悉某個想法的研究者，再藉由發表和演說讓曾經不理解的觀眾一步一步地獲得知識，過程中所經歷的辛苦都將變成無比的成就跟喜悅。作者多處幽默地調侃自己成為獨立研究者的各種經歷，相信能讓許多讀者在感同身受、會心一笑時，潛移默化地建立對自我的肯定，找到每個人心中必然都有的那渴望打破成規的一面。

（本文作者為中央研究院生物醫學科學研究所副研究員）

自序

「我們可以把這個重擔壓給你嗎？」
「願受此殊榮！」
「你聽錯了，我說的是『重擔』，而不是『殊榮』。」

——《萊柏維茲的讚歌》

在《萊柏維茲的讚歌》一書中，作家小華特米勒寫下了這樣一段對話，一位神職人員前輩在世界將要面臨末日浩劫前夕，把該做的事情交代給年輕修士……

而這些加諸在年輕人身上的夢想、榮譽與重擔，其實，總是綁在一起的。

為了避免「誤解」（這兩個字是學者或老師最討厭的），我先聲明這本書不是「三分鐘讓你懂學術職場」或「年輕學者的生涯發展全手冊」。這本小書比較像是「笑話集」，至於給人當笑話的主角，當然就是以「流浪狗」自居的我。從英國竄到台灣，從診所竄到教室，在陽明大學校園裡上下亂竄，當牙醫沒賺到錢，當教授沒收到學生，在實驗室、教室與尿布堆中流竄的我。

有志於學術的年輕人應該要往上看，看看卓越偉大的前輩們，他們的奮鬥經驗必有可取之處。這類型的傳記類著作不少，我也曾從中獲益良多。但我們卻很少聽見位於基層的年輕學者與教師的心聲，這個群體很大，我是其中渺小一員。我相信，所有偉大都始於微末，而我想寫下這微末，寫下流浪狗看見、聽見、嗅出的，屬於自己的心情，透過這本小書，記錄沉浮學海多年的心路歷程。

這本小書與真正笑話集最大的區別，在於它的一切都是有根有據的，如果我連自己的經歷都無法實話實說，那又如何自稱是一位學者呢？儘管有許多事情我們不去談，不去講，但並不因此就不存在。在流浪狗奔走的道路上，雖然滿布荊棘與挑戰，我也只能屢敗屢戰，不過，一路走來遇到的友善之手，總是讓我懷抱感恩，不能不談，不能不講！笑與淚是分不開的，不幸的淚水與感恩的淚水，都是流浪狗的生命印記，無須掩飾！

謹以本書獻給同樣前往或正走在這道路上的你我，成功也好，失敗也無妨，讓我們一塊擦乾臭汗與鹹淚，繼續前行！

推薦序

一 混種流浪狗：凌晨三點寫心理學報告的牙醫師

Contents

四 一人實驗室：完全沒有學生出席的第一堂課

Contents

一

混種流浪狗

凌晨三點寫心理學報告的牙醫師

- 一九九四年：考入國立陽明大學牙醫學系。這一年，是「陽明醫學院」改制為「大學」的第一年，因此我也是國立陽明大學的第一屆學生。我來自「陽明2.0版」。（而合校後的陽明交大，應該是「陽明3.0版」無誤）
- 在我讀大學時，絕大部分學生都是透過「聯考」的分數來填選分發志願，我只差一點就能填到長庚醫學系。這是我人生距離當醫生（不是牙醫）這個目標最接近的時候。
- 大三開始積極準備考陽明生化暨分子生物所，因為我無論如何就是不想當牙醫！成為生命科學的基礎研究學者，才是我崇高偉大的職涯選擇！
- 二〇〇〇年：從牙醫學系畢業，結束實習，獲得牙醫師證書，順利進入生化所念碩士班。只是，半年後就逃離，因為我還沒準備好當一位學者。還有，我也沒準備好當一位牙醫師。
- 在陽明六年，選擇中場休息：去當兵吧！（一年八個月）
- 二〇〇二年：退伍後馬上回到牙科診所開始打工賺錢，上班後半年，全球SARS疫情爆發。
- 接下來兩年一邊通勤（火車）在診所上班，一邊熬夜念遠距課程，喘氣奔向下一階段。

有多少人要重考？

每年在牙醫學系遇到剛入學的新生，我就會找時間和他們說這件事。希望這幾年陽明牙醫學系畢業的學生，都會記得我講過這個發生在三十年前牙醫學系館教室的故事。

身為陽明牙醫學系第十九屆校友，我入學時的導師是楊世芳系主任。楊主任身材高大且嗓門也不小，光看外貌，總給剛進大學的新鮮人們一種「軍訓教官來囉！」的感覺，但相處久了以後就會發現，他真是位心軟的老紳士。有次我們班的某個基礎醫學科目考試，全班都考垮了，他雖然先是毫不客氣地指責我們太不用功，但立刻回過頭關心哪些人還沒及格，和任課老師討論該怎麼補救。他就像我在求學時代（上個世紀九〇年代）遇到的大部分老師一樣，不會刻意地輕聲細語來扮演學生們知心如意的好麻吉，可是教學熱誠絕對滿載。我想楊老師可能不太會「演戲」，外表看似嚴肅的他，心裡總為學生的未來著急。

就是這樣一位導師，在我們新生第一次開班會時，他走進來打量我們，然後問了一個相當重要的問題：「你們有多少人要重考啊？麻煩舉一下手好嗎？」

◆ ◆ ◆

現在，我也成為大學生的導師。每當我和學生們說起這段往事：「喂，當年我們導師看到大一新生吼，第一個想到的是問大家要不要去重考（不念牙醫學系，改念別的科系）。」學生都會大感驚訝。但時間拉回三十幾年前，哪需要吃驚啊？我自己就一直在掙扎是否要重考。「留下來當牙醫有前途嗎？」「啊不就是將來去開牙科診所當老闆？」如果真的想當老闆發財，我也是能填上（大學聯考志願）藥學系的，當藥師也不錯啊！更何況我還想去當補教名師哩！**當牙醫算是「特別好」的出路嗎？在三十年前，這答案並不肯定**。

補充一下，全民健保是在我大學三、四年級的時候才開辦。那個年代，牙醫師補一顆牙還要跟病患討價還價、商量著能否打折，因此我腦海裡的牙醫形象，就是得長時間彎腰駝背，像鐘錶師傅修理鐘錶般對著「精密」的錶芯（口腔），在滿是藥水味的診所裡忙著不停。老實說，我真心覺得當鐘錶師傅會有更愜意的人生。

現在就讀牙醫學系的學生都在高中有極出色的成績表現，然後通過大小考驗後，才踏上前往成為牙醫師的夢想路，甚至有人放棄原本在理工法商人社領域的專長，重新報考念牙醫學系。因為大家有著相同的憧憬：穿上高尚體面的醫師服，在時尚又尊榮的診所裡，做著充滿科技與藝術結晶的口腔健康照顧工作。這是時代的轉變，也多少稱得上是一種好的轉變！但這並不能將過去的事實抹去。曾經，念牙醫並非是熱門選項。

◆ ◆ ◆

面對楊老師的問題，確實有人舉手了！因為一些同學更嚮往當「醫生」，成為救人濟世的內外科名醫，而不是每天和病患討價還價一顆假牙要多少錢。印象中，我們這班後來有兩位同學重考。**當然，更多的是像我這樣舉棋不定的人。一邊想著重考也不見得能上醫科，一方面想著「當牙醫，總也餓不死」吧？**

當然，現在對學生說這些，他們會吃驚的還有另外一點：「哇！那位系主任也太直接了吧？」一開口就問大家是不是打算重考？莫非真的嫌牙醫學系人太多？而我在成為大學教師幾年後，也曾在課堂上問大一學生：「如果你們當中也有人決定不念牙醫、去重考，如何？」有學生馬上回答：「好啊！減少（我未來開業的）競爭對手！」

又過了好幾年，我才逐漸明白楊老師的想法。當年他雖然貴為系主任，或許有招生的「業績壓力」，但他想的不是他這個系主任能有多好的業績，招生率是否能超標，看起來才會風光。他掛念的是學生，**假使學生覺得自己不想念牙醫（或是因為內外在因素，非得考上醫科不可），那麼老師要做的，不正應該是先去了解學生的想法？**所以，直接面對學生的疑問，傾聽學生的意願，有什麼奇怪？

雖然，現在的老師們可能會採取更細膩的方式來表達關心。看到學生舉棋不定，不清楚人生的方向時，會輕聲細語、謹慎又柔和地問：「有什麼想法，歡迎來和老師聊聊」之類的（應該不會直接問「要不要轉系」吧？）但楊主任的態度是非常誠懇的直球對決，因為他把學生視為一位成年人，一位理當為自己負起責任的成年人。你願意講，我就願意聽。

而我也相信楊老師會有這樣的提問，更包含了對學生的殷切期望。因為那時的老師也和現在的老師一樣很關心大家上課出席率，因此在他問完後還特別強調，真的要準備重考的學生，雖說也不打算念牙醫學系了，但還是要盡量保持紀律，該出席就出席，上課不要吵鬧。

也許有學生會覺得「既然我都打算重考了，那些牙醫學系的課，我就隨便亂上又怎樣？」當然不是這樣的。因為就算打算重考念醫科，但現在一起上課的同學有很多人（甚至大多數）依然打算繼續念牙醫學系，倘若只想到自己，抱持著「反正明年我考上醫科，這些人就與我毫無瓜葛了」的想法，會錯以為「那我上課喧嘩」也無所謂吧！老師想提醒的是，如果真的打算考醫科，當一位受人敬重的醫師，就不能也不該只考慮自己，應該要想到「我現在的作為會影響其他班上（有心念牙科的）同學」。

如果一位年輕人連這樣基本的群我分際道理都不明白，就算將來考上醫科，那條名醫之路也會很難行的。因為健康照顧就是團隊合作，不能只考慮自己。

如今，我回想起三十年前的決定，是否應該在那時就直接離開學校，轉身投入補習班懷抱再重考醫科？假使如此，也許今天就不會有這本小書了。凡事的發生皆有其道理，而我相信「天時、地利、人和」中的「人和」是最重要的。

我不確定楊老師的問題，是否讓當時的我立下決心要繼續念牙醫。但遇到這樣的老師，至少沒讓我想馬上打包離開。面對當牙醫師這種神秘又不確定的職涯方向，我選擇留下來了。

叛逆的代價

話說在我的大學時期，我一直不太去想像將來當牙醫的場景，反而越來越堅定初衷：我應該成為一名醫學家！我是拿燒杯試管的人（不是拿鑽牙機的人）。而這種念頭似乎給了我足夠的動力，定要做出一些和別人不一樣的事來。於是我大學一年級就開始準備報考同校的生物化學研究所，後來還真的讓我考上了。我也越來越不可一世！

像是去牙醫學系 105 教室上課時，我心裡總有一種「龍困淺灘」的微懊惱感：「像我這樣的人才，為何不趕快把我放到實驗室去研發癌症解藥呢？」「我怎麼還在這裡念『牙周病學』，難道將來只能幫病人洗牙？」

如果能夠穿越，我可能會跑回去和當時的自己說：「你唷，這輩子研發癌症解藥是沒指望了！但如果當年好好學習牙周病學，將來搞不好還能幫病人開刀喔！」

可惜當年的我，並未遇到穿越回去的自己，所以我一直自我感覺良好，可能還流露出志得意滿的模樣。還記得那天上完第一節牙周病學，就打算翹課閃人。在離開教室時，正好遇到來上第二節課的賴玉玲老師，也是我們現在臺北榮總口腔醫學部主任。賴老師是出了名的諄諄善誘、不會出惡言，但我依稀記得她看著我走出教室的眼神。怎麼說呢？那種眼神不像是警察抓到犯人，心想著要怎樣懲罰我，而比較像是一種「期待」，看到了一位迷失的青年，希望他能迷途知返。

但對當時的我來講，可是非常堅持地認為這裡不是我的未來，身為未來的偉大科學家與（潛在的）癌症解方的研發者，"I don't care!" 我有我偉大的行動目標，豈能被這間教室所限制？如果用現在的話來形容，就是一種「中二病」！但對於心中充滿自以為是「堅定的」信念的年輕人而言，被形容成叛逆或中二，聽起來可都是舒服的讚美。至少當年的我是這樣認為的：「你們其他人覺得我很怪嗎？那正足以顯示你們有多淺（只能乖乖在教室裡學洗牙），嗚哇哈哈哈哈！」

「這人沒救了吧？」或許有人當時是這樣認為的，不過，我到今天還是覺得這不是救不救的問題，這是一種「擔當」的問題。如今若遇到學生有如此「堅定的信念」，我並不會強加冠上「中二」的帽子（畢竟我自己也是這樣走來的，不太好意思說學生啦！）但我有義務告訴學生：「**如果你堅定地要走自己選擇的路，就要有所體悟，你走的路有順有不順，要能承擔起將**

來的風險與挫折。」

◆ ◆ ◆

很遺憾地（也可以說很不意外地），我就承擔了挫折，為我當年的叛逆扛起了後果。不到三年，我踏進生物化學研究所的實驗室又離開，打包走滿滿的挫折，更別說什麼癌症解藥了。回到職場上想靠牙醫學系所學來賺錢時，又發現自己除了洗牙，根本啥都不會！當別的醫師施展精湛手藝幫病患開刀，做自費牙周病治療時，我真的「除了洗牙，啥都不會！」這不是老師沒教唷！賴老師可是把自個兒的通天本領都毫無保留地都教給我們了，但我不聽！當年她努力傳授高超的牙周病治療技術，我卻在她面前翹課了。

但這是我的選擇。**我是個成年人，有權利去做不一樣的選擇，去追尋我認為理想的事物；同時，我也要像個成年人，去承擔這個選擇的後果。**有一天我發現我的選擇失誤了，不划算，也是我的選擇。老師的教導都放在課堂裡，是我選擇不去取，我選擇別的目標。

「牙醫學系」究竟在念什麼？

雖然這本小書並不是「牙醫學系考生入學指引」（絕對不是！）但畢竟這是我過去三十年人生軌跡的一部分，還是需要簡單說一下：世界上並沒有「牙醫系」（Department of Dentist），正確的名稱是「牙醫學系」（Department of Dentistry）。雖然牙醫學系的主要教學目的是為了培養牙醫師，但「牙醫學」的學習範疇卻超過成為牙醫師（或嚴格地說，取得牙醫師證照）的知識。凡有關牙醫師應有的技能，都是牙醫學系教學的重點。三年級的學生要接受有關修磨牙齒進行補綴（復形）、製作假牙（贋復）、治療牙周與牙髓疾病的各種訓練。這些臨床技能相關的科目涵蓋三到五年級的學習。但除了這些治療牙齒的技能，牙醫學系的科目也包括「促進病人健康」，例如公共衛生學（預防蛀牙）、牙醫倫理學（醫病關係），乃至一至二年級的基礎醫學課程。簡單地說，牙醫學系並非單純的「牙醫師考照補習班」，而是一處培養口腔醫學與健康照顧人才的搖籃。

◆　◆　◆

當然，現在對學生說到「代價」或「承擔」這種字眼，老師都會非常謹慎小心。畢竟，我們都不希望被誤解為在「恐嚇學生」。再說，越是心意堅定的學生，越不會在意什麼後果。假使當年我的老師們跑來跟我說：「你敢翹課，小心將來什麼治療都學不會，怎麼賺錢？」我搞不好還會反嗆：「那又怎樣？等我開發癌症解藥，我就發財了！」（伴隨狂妄的笑聲！）

我始終相信，現在的大學生能自行從案例中去吸收經驗。我就是一個很好的「負面案例」（苦笑）。相信只要讓學生聽過大澍老師的這段往事，不需要太多嚴厲的教誨，他們就會了解，每一個抉擇都要承擔後果。

很多人覺得現在的學生想法比以往更多元。這個「多元」表現在什麼天馬行空的目標與方向，都有人嚮往。這點我也很同意。但另一方面，我們也要讓年輕人了解「結局的多元」。當年我才考上生化所，就想著成為知名學者，成為癌症解方的發明人，如果真的有這樣的結局當然美滿，但這不是唯一的結局！事實證明，有可能是連研究所都沒念完，還發現自己連牙科技術也沒學好。

準備好做選擇，不是最難的。準備承擔不一樣的結局，更難。

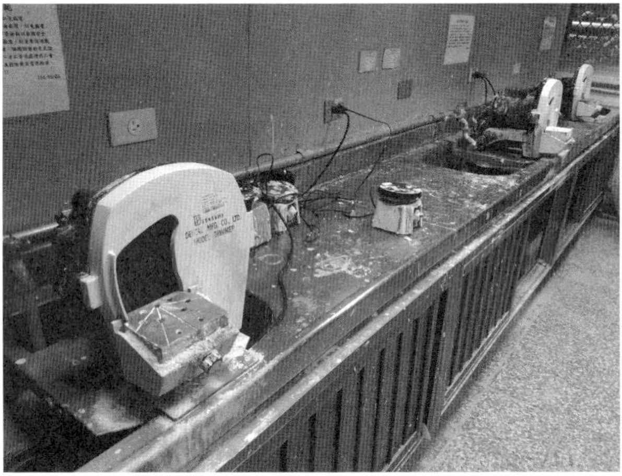

逃離牙醫學系，
逃離這個地方。

體驗理想與現實的差距，大概也是大學必修學分之一吧！這裡是牙醫學系的「石膏室」剛下課時的模樣，也是大部分學生未來學習牙科技術與材料的基礎實驗室。如果學生以為當牙醫的一切就是潔淨整齊，在那裡高談闊論美學精品，那麼看到這張照片恐怕會大感詫異。這裡是牙科學生的日常。事實上，高談闊論美學精品對牙醫來説，並不是無法觸及的目標 ，只不過在那之前，請先待「石膏室」再修行一陣子。

只能望著老師的背影

朱自清的〈背影〉，是我這個年紀的許多人都讀過的。面對熟識的人離去時會特別有感觸。但假使我們總是見著一位老師的背影，卻很少與之面對面呢？

在我念大學時，上課播放簡報可不是放PowerPoint，而是用「幻燈片」（正片）。老師要把一張一張方形的幻燈片放到投影機中，再用強力燈泡照亮投影。那是類比科技的時代，常會發生幻燈片沒放好、卡住片機沒辦法運轉的情況，老師通常在這時候才會把視線移開螢幕，回頭問大家出了什麼事。

是的，教授會「回頭」。因為老師在講解幻燈片時，人是面向螢幕、背對學生，我們所有學生的視線也是望向螢幕，就是說，教授對著螢幕「講」，我們對著螢幕「學」，我們只能看到老師的背影……

◆　◆　◆

跟學生們講起我自己昔日的上課情況時，總不免笑說：「萬一大家在後面打瞌睡，老師也不一定會發現吧！」不過，以現在一些學生們上課時的大無畏氣勢，就算老師面對面地看著學生來講課，大家恐怕也是照睡不誤吧？但我印象中，從前的老教授們似乎沒有太多顧忌，他們放心地面對著螢幕，背對著學生逕自講課。那時雖然趴下瞌睡的人也有，但總有學生專心聽講，只不過師生之間看起來沒有太多互動，我講我的，你聽你的。我想，老教授們的師生互動模式或許很簡單：**我（老師）和「學問」互動，你（學生）也和「學問」互動，那我們彼此就有互動了**。現在的老師上課要比從前忙得多，上課一開始要先跟學生聊天說笑甚至來個小遊戲開場，等師生互動滿滿歡喜，才能加上一匙學問。

今時今日的教學強調營造「活潑」、「多元」的學習氛圍，總之就是要激勵出學生更高的學習興趣。打瞌睡，當然很要不得，不過，老師看見學生在滑手機，恐怕難以去檢討學生，只能自我檢討是否是自個兒上課不夠精彩，才讓學生感到無趣（說來也有點感傷），更別說用背影去面對學生啦！老師總得先自我激勵：「要以真誠的微笑與親切的態度來帶動學生！」等等，要是學生用背影面對老師呢？老師還得要跑到他們面前表達溫馨關懷，深怕學生的視線放到別處去。

雖說古今有別，但這絕不意味過去的教學方式是落伍甚至失敗的。儘管，我念大學的時候，我們這些學生真的很在意老師是否認真投入教學。在我大四還是大五的時候，醫學系的同學為了整個教學到實習分配的問題，積極地向校方表達看法，掀起一場很大的風波，還發起了陽明校園有史以來第一次學生大遊行，取了一個很響亮的名號：「孵蛋行動」。儘管我早已忘了這個名稱最初是誰提出的，但很確定自己是發起會議中的一員。那年的我，是牙醫學系系學會會長。

◆　◆　◆

當年，學生對於自己的受教品質是相當敏感的（特別是與測驗成績有關時），我就是其中之一，總感覺「老師這樣教，我覺得不夠好耶」，但真正的問題是，如果要我講出怎樣是好的教學方式，我是講不出來的。甚至直到今天，如果有學生跟我說，這樣的教法我們沒興趣、不喜歡，我也不可能馬上拿出新的錦囊妙計說：「我下次就這樣教」。

很多時候，不論老師教或學生學，都需要一段時間的嘗試、磨合與學習。我敢保證如果讓現在的大學生回到我過去那樣看著老師的背影上課，他們可能一開始叫苦連天，或興趣缺缺，心想乾脆整堂課滑手機，老師也不會注意吧！但最終一定會想到適應的方法。而若當年的師長們穿越來到現在，發現學生高呼改變，希望老師能面向學生上課，還要報以真誠的微笑與親切的引導，我也相信只要假以時日，那些師長們亦會改變自己的教學方法。

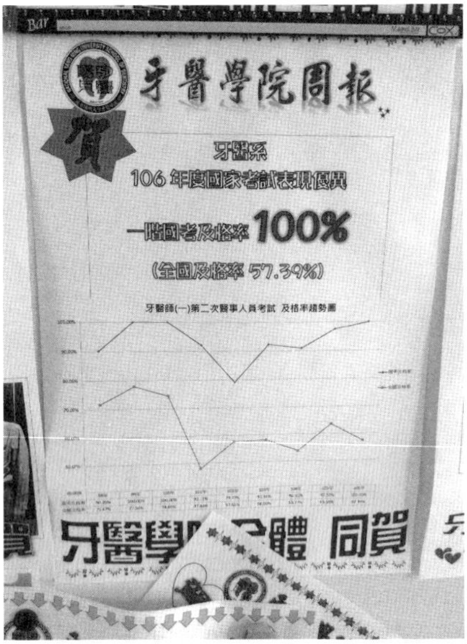

大學到底是（真）大學，還是「職前訓練所」？

我從大一開始參加學生會活動，就是學校裡最有意見，最愛舉手發問的那群人。我們常思考：老師到底是把我們當成大學生，還是當成「某某醫護證照國家考試補習班」的考生？因為這個答案直接影響著老師與同學之間如何互動。不過，對於這個大哉問，我自己至今也沒有答案。

給你下馬威

如果翻看每位醫護人員的傳記，大概都會提到實習時候的故事。就像大部分的男孩都不會忘記當兵種種；再偉大的名醫，也對剛踏進白色巨塔時受到的衝擊印象深刻。

我自覺醫術可憐，從來就不是個敢進取，勇於挑戰自我的好學生，因此若說學習臨床技術方面，並沒有受到太多衝擊。更直白地說，我能夠好好把洗牙做好就萬事ok了。對我而言，初到醫院時最大的衝擊並非關於臨床學習，而是來自面對人情世故的初體驗，這也是我在見習實習階段學到最多的一部分。

◆ ◆ ◆

我曾和即將到醫院見習的五年級學生們聊到與「巨塔生態學」有關的一個情境：

你在醫院見習中。在早上門診結束時，有同仁跑來跟你聊天，一開始你們還聊得蠻開心，聊著聊著那位同仁就說，他／她的朋友剛好來醫院，對牙科很有興趣。請你下午見習時陪這位朋友一起逛逛，當個盡責的地陪，幫忙介紹牙科的種種。

「同學們，如果你遇到牙科裡的同仁提出這種要求，你會答應嗎？」不出意外地，我得到的答案通常是「No」。原因多半是：「老師，我是去見習耶，是去上課學習，怎麼變成當導遊地陪，什麼去陪人家逛逛……我可是clerk（見習生）啊！」

◆ ◆ ◆

我完全可以理解同學們的想法。不過在我求學當年，這樣的回答會導致不太愉快的後果，同仁馬上把我這個小小見習生叫過去，質問：「你怎麼沒有陪我朋友逛逛？」「怎麼讓人家在那邊孤零零的？」「你是不是根本不給我面子啊？」「你這樣還想繼續在科內混下去嗎？」

一聽到我這麼說，大部分學生們的反應是：「老師，這根本情緒勒索！」「對方一定看你是菜鳥，給你下馬威！」「誰敢這樣講，這算職場霸凌喔！」此時，我只得語重心長地說：「我完全可以理解現在同學們的反應。但我說的這些，都是大家即將進入職場（見習實習）應該要注意的！」

但面對這樣的畫面，應是我低著頭連大氣都不敢吭，心想「我完蛋了，得罪了同仁，我牙科見習實習大概難混了。」不，應該更可怕，「大概在牙醫界都難混了。」然後懊惱自己怎麼這麼笨？見習算什麼？應該要馬上去滿足同仁的期待才對啊，怎麼可以不給人家面子！

◆　◆　◆

在醫院實習讓我學習到一件事，職場上人情是最重要的，無論如何不能得罪人，要八面玲瓏才能活下去。當然，事情也會變得辛苦起來。像是有時想請同仁幫什麼忙，原本在職務上是合理的互助，但自己會馬上想到「會不會得罪人啊！」「我算什麼輩分啊？會不會不長眼啊？」這時候反而讓對人情世故的顧忌，變成影響我工作程序的重要因素。

所以我不得不承認，現在學生的觀點也有道理，群我分際與公私分際都要清清楚楚，權利義務是要講明白的。十二點下班，那麼十一點五十九分就不應該被人打擾；如果八點上班，那麼七點五十九分以前自己可以做任何事。

只不過，後來我經歷多年的臨床工作，發現真實世界往往是在一個非常模糊的狀態下運行。如果說初到職場，同事就以前輩自居、對新人頤指氣使，自然是欠妥當的，但如果是兩個原本已經熟識的老同事呢？打個比方，「如果你自己剛好很忙，請另一位很熟的同事幫忙顧一下小孩，好像沒什麼不可以？」當學生聽到這個情況，也似乎覺得無可厚非，不一定要明確劃分那些權利義務了，甚至說：「好朋友有什麼關係？就你幫我，我幫你啊。」

其實這牽涉到一個心理學概念，簡單地說，就是「換位思考」。很可能，我當年的同仁只是換位思考，他／她可能覺得見習生「閒著也是閒著，為什麼不幫我照顧一下朋友？」「好同事彼此照應沒錯啊，很對啊！」只不過，會不會我們自己以為「對方也覺得」的彼此照應、「幫一下有何不對呢？」的這個念頭，只是我們單方面的「以為」，對方並不這樣覺得呢？

我還蠻慶幸自己大學畢業後就直接進入臨床場域，年紀輕輕就能踏入這個被外界視為「白色巨塔」般複雜的宇宙中「學習」。尤其在牙科，牙醫師需要助理與其他醫護人員的協力配合，因此跟大家保持平順的關係，洞悉一些人情世故的技巧，絕對是最重要的專業技能之一，當中特別需要謹慎處理的便是能不能換位思考，為對方的處境設想。

◆　◆　◆

我也和學生聊過另一個話題，就是診所經營與勞資糾紛。像是剛到職場還是菜鳥時，免不了對老闆的工作分配有意見。比方診所裡誰的病人多，哪裡有新的設備，薪水排班要怎麼分等等。如果自己需要請假，就覺得老闆應該扛起責任去分派工作，「總不能妨礙自己放假吧？」學生們聽到這個觀點，通常都大表贊同。

但，如果你是老闆呢？大家請試著把自己的腦袋「換位」到老闆身上，想想「如果有員工請假，但診所很忙，是不是你自己也該跳下去幫忙看診，分擔勞務？」聽到這裡，學生們就回答的有些猶豫了。有些學生是這樣說的：「診所也要顧及正常營運啊，不能大家隨便想請假就請假吧？」「如果我是老闆，我有更多事情要忙，沒時間自己跳下去幫忙這些吧！」「不然請員工來上班幹嘛？」

此時，我會再追問：「萬一員工也像你一樣，自己覺得有需要放假呢？」我們以員工的立場思考時，不是都認為「老闆應該扛起責任去分派工作，總不能妨礙自己放假吧？」**難道我們換了位置，從當員工到變成老闆，對於職場分際的看法就可以馬上轉換（而且總是轉換成對自己有利的那一面）？**

◆　◆　◆

「換位思考」這麼重要的事，往往是我們在大學時代（甚或是一輩子）難以學好的事，也因此學生在面臨這些狀況時，感受到的衝擊最大。我自己當年見習時被同仁來個下馬威後，整個見習階段到實習，甚至於要走進那科的診間，我都感到相當焦慮，唯恐是不是又得罪哪位同仁，講錯什麼話讓某位前輩失望。不過今天的我回想，會覺得這是非常重要的學習，因為無論臨床或研究都是團隊工作，這個經歷為我上了一堂難忘的職場生態課。

登出地獄，登入天堂

畢業了！當我看著昔日同學一個個準備邁入臨床工作，女同學準備找診所或醫院就業，男同學準備當兵（雖說我們那班男同學真正服完兵役的也只有幾個人）……總之啦，我終於可以走一條和他們不同的道路。掰掰啦，老同學們！

我呢，可是大三就考上陽明生化所的高材生。我現在就要去揚名立萬，到實驗室裡去開發癌症新藥，或是解決普利昂蛋白（Prion）與狂牛病的難題，或是任何一個普通牙醫師都搞不懂的生物醫學問題，交給我吧！我是生物化學研究所的碩一新生。

憋了高中三年、大學三年後，我要開始起飛了！我當時真的覺得自己要登入天堂了！

◆　◆　◆

大三就考上陽明生化所，我一心一意想著就是有一天能離開「鑽牙機」，到實驗室穿上白袍，成為一位「醫學家」。這個夢想放到今日多麼合理，在講究多元發展與「斜槓」的年代，誰敢說牙醫師不能改拿 pipette（一種實驗室器材，專門用來量測液體體積）！

不過，昔日並沒有這樣鼓勵跨界的學習氛圍。如果有醫學系、牙醫學系學生不好好念書，在那邊「想東想西」，恐怕只會讓老師們傷透腦筋。我在參加生化所入學口試時，有位老師就問了我一個關鍵的問題：

「你是真的對生物化學有興趣？還是，你就是不想當牙醫（意指所以才來改做研究）？」

這句話點出了我的盲點，爾後讓我花近十年光陰找答案。

◆ ◆ ◆

若說我總是想改換跑道，想「躲進實驗室」以避開牙醫的種種，在牙醫學系畢業的那一刻，我的確覺得自己已經登出（log-out）地獄，登入（log-in）天堂了。還記得在臺北榮總的實習結束前，我做完了最後一位病患（記得是做根管治療），狂喜地告訴自己「我再也不用回到這可怕的地方了！我要前進實驗室了！」但，進入實驗室以後，我真的「登入天堂」了嗎？

口試時老師的提問常浮現在我腦海。而第一個想像與真實的落差來自「在實驗室工作，其實和我想的很不一樣！」我想像中的場景是，研究人員穿著白袍，火眼金睛地在顯微鏡底下看到了震古鑠今的新發現，然後坐在左岸 café，一邊抽著菸斗、一邊高談生命的終極意義。

現實當然不是這樣的。當我踏入實驗室一個星期後，發現自己大部分的時間都在「做事」，以前是每天拿著鑽牙機，現在是每天拿 pipette，一樣都是小心翼翼地不能犯錯。「這不是和當牙醫沒兩樣嗎？」我失望了。

◆　◆　◆

我自己也搞不清楚，"What am I doing here?" 但我真的很幸運，有一個人比我更知道我在做什麼，那就是我的指導教授陳美瑜。陳教授也和我有類似的求學軌跡，她在完成醫師學業後，並沒有直接當一位醫師，而是前往美國進修。猶記在實驗室裡，常聽到老師提到留學經驗的種種甘苦，一開始，我只覺得這是一種「老生常談」！就好像當過兵的人，總愛聊當兵的種種甘苦。但如今我也成為老師，**開始了解這個「老生常談」其實就是一種「道」——不是讓學生看見未來有多輝煌的成果，而是讓學生理解，在邁向目標前，每個人都有艱辛與吃鱉的時候。**

這就像在哈利波特的故事裡，當年輕巫師缺乏信心時，會想到就算是鄧不利多那樣的大師，當年也曾經只是個學生啊！

◆　◆　◆

在研究所時，我的生活變得更為真實，但也充滿困惑。我發覺當一位研究者，不只是「純研究」，在做研究的同時，還要當一個正常人，維繫正常的生活。該賺錢要賺錢，該照顧家人要照顧家人，該交女朋友就該交女朋友。這段在生化所學習的日子，讓我體認一件非常重要的事：研究者要在過著平凡日子與做研究這兩種狀態裡求取平衡。我們總是半顆腦子想著論文，半顆腦子想著柴米油鹽醬醋茶。

幸好，在我還沒作繭自縛時，陳美瑜老師比我先懂。當我覺得自己無法取得這個平衡，發現自己對研究的熱誠出現動搖，或者說，當我發現自己還沒有預備好接住這些挑戰時，我帶著掙扎與羞怯向老師提出了休學的想法。

我在想，當時老師一定看出來了，她看出我深深的挫折感。因為當我自以為登出地獄時，卻沒有登入天堂，甚至當我發現「原來做研究是這樣艱辛的一回事」而豎起白旗時，質疑自己牙醫沒當好，研究之路又茫茫，覺得自己一無是處時。

研究生如何選擇一間好的實驗室？

很多年以後有學生問起我這個問題，我的第一個念頭就是「問我就問錯人了！」因為我自己不是一位好的研究生，我又怎麼去界定何謂「好的」實驗室？不過，我想告訴學生的是，也許我們真正該問的是「我當研究生的目標，與實驗室能到達的成果，兩者真的『速配』嗎？」學生常以為如果指導教授是擁有極高名望的大師，那應該就是一間好的實驗室。我覺得，這想法不算錯，假使學生覺得「將來在履歷上，讓大家知道我的指導教授超有名的」是人生加分的關鍵，那這樣做就符合目的。如果學生希望能發表頂級的研究，那不妨先查一下文獻資料庫，看看指導教授過去發表過哪些研究。溫馨提示，有名望的教授或許正因為事業到達顛峰，所以並不會花很多時間去衝刺這些論文發表，當然，也有事業、研究皆有傑出表現者。我可以給的建議是，在找實驗室時，最重要的是清楚實驗室的發展方向、具體表現與你自身希望達到的目標速配嗎？這是必須細想的關鍵之一。

◆ ◆ ◆

我很意外，老師聽到我的想法後不但沒有罵我，反而和我分享一個小故事。

當年陳老師到美國學習，沒有馬上遇到與自己速配的指導教授，沒多久就轉換了實驗室，自己花了很多時間摸索適應。儘管看似出師不利，但她一直想研究一些科學議題的初心並沒有改變，她沒有因為現實遭遇的困境，放棄對科學的好奇與熱誠。

當然，每個人的生命歷程不同，無法套用在另一個人身上。但我知道老師想告訴我，只要你還有目標，就有很多條路可以抵達，沒有必要去比較或是模仿。**我們常說老師在做「傳道」的工作，要成為學生的榜樣（role model）。但這太容易讓人誤解，以為老師都是成功的典範，學生就照著那樣做就對了。**我們必須了解，更重要的傳「道」，是讓年輕人明白每個人的人生都有不同的使命與軌跡。蘇格拉底教出了柏拉圖，而不是「蘇格拉底二號」。

說來還真奇妙，好幾年以後我又回到學術研究這個目標上。不過，算不清繞了多少路，登入登出多少次！但東繞西繞東闖西闖，這就是我的學術生涯軌跡，吾之道。

巧遇擺渡人

退伍的那一天即將來臨，我開始思索著自己的下一步。也許我不適合回到實驗室 bench（實驗桌），但還是對許多研究領域感到興趣，特別是腦與心智的議題，尤其是疼痛與情緒。因為我自己就是個非常怕痛又情緒化的人，我也想多了解自己。

某次上網時發現，原來在台灣就有研究焦慮恐懼這些心智議題的頂尖學者，而且在心理學系。這個發現讓我開心的是，一方面我相信在那邊會找到志同道合的人，另一方面如果能讀「心理學系」，也滿足了我想離開「牙醫」那個圈圈，改投到另一個門派，尋找一片新天地的念想！這種誘惑太難抵擋了！

於是我做了件大膽的事，直接寫 email 給臺大心理學系的梁庚辰老師，想聊聊考心理學系研究所的想法。讓我開心到不行的是，老師竟然答應和我見面。

◆　◆　◆

我當時想，這位梁老師不但研究成就卓越，還肩負行政工作，肯定猶如少林寺方丈大師般的內力深厚，只要拋出兩三個問題試探我這個小輩，定力不夠如我，恐怕很快就被一掌打飛出去吧！

何其幸運，這位少林方丈並未把我一掌擊飛，他保留了許多時間給我，跟我解釋心理學系研究所的修課項目，並特別跟我解說心理學實驗的概況，學生到底如何做研究等等。

◆　◆　◆

我很慶幸自己找對人了。因為我對心理學在做什麼研究，根本沒清楚的概念，而是透過梁老師耐心地說明，才讓我知道「原來念心理學系研究所是這個樣子」。當我正反省自己太唐突，怎麼會如此冒昧地跑來耽誤老師時間時，梁老師卻主動說要帶我參觀實驗室。奇怪？我只是一個會鑽牙的牙醫，看起來也不適合念心理學系研究所，為什麼老師要花時間做這些？

我還是跟著梁老師去參觀實驗室了。我看到一個關小動物的籠子，感到很好奇。「那個是驚跳箱，就是那個制約學習的實驗，那個……」老師開始解釋，我則大呼小叫說「驚跳箱」超酷的！我覺得這太厲害，太有趣了。

不過，很多年以後我想起這件事，卻充滿丟臉的感覺。因為那個令我讚嘆不已的「驚跳箱」，其實是每位心理學系學生都嫻熟的實驗！我那誇張的反應，正反映出我對心理學的認識有多無知與膚淺。

當年若是有其他學生在一旁看到梁老師帶我參觀的景象，大概只能搖頭大嘆：「這個啥都不懂的牙醫師，到底跑來幹嘛？」其實，連我自己也搞不懂，我這毛頭小伙子只是一時興起丟出一封信，怎會得到老師接見與認真對待？假使換做我是梁老師，可能早就把人打發走了吧！這個疑問在好幾年後，終於獲得了解答。

◆ ◆ ◆

那是在我拿到博士學位回到陽明大學任教後，有一年參加學生的論文口試，重遇梁老師，向他提到這段往事，謝謝他對我的鼓勵。

梁老師知道我學成回來很高興，還寫了一封email給我，大意是「在學術的道路上，老師的角色當然很重要，但有時候也需要『擺渡人』。」他知道我後來前往英國牛津進修，而牛津（Oxford）就是牛群渡口，擺渡人就是把人與牛從一端接送到另一端。此時的我才終於明白，雖然我這輩子沒有榮幸成為梁老師的學生，但卻何其幸運地能遇到他這位擺渡人——看到我這個小傢伙從「牙醫大道」走過來，指引我，讓我繼續往「心智國度」前進。我還記得當年也是他提醒我去認識更多台灣心智科學研究學者，包括後來我到臺北榮總的腦功能實驗室。我雖然未能在心理學系待下來，但我還是繼續前行。

有句話說，一日為師，終生為父，可見傳統文化中對於「師父」的尊崇，我們弟子一刻也不敢忘。**相較之下，「擺渡人」總是隱身在我們周遭，默默做著一件重要但謙卑的工作。**直到今天，我雖然沒指導幾位學生，也不太有資格當人師父，但偶爾遇到想問我問題的學生，或是想做些小討論的學生，我都感到很歡喜。我也希望當個盡責的擺渡人，把學生從一條路帶領到另一條路，適合自己的一條路。

教科書與聖經

話說開始牙科臨床工作後，我就過著朝九晚九的生活。一般人可能覺得奇怪，台北不少牙科診所是下午才開門營業，哪來的「朝九」呢？這就要看診所的地利了。我退伍後服務的診所位在新北市，來看診的人都是「街頭巷尾型」的，銀髮族、菜籃族特別多。早上一拉開鐵門，剛送完兒孫上幼稚園的阿嬤就跑來修理假牙，那可是常有的事。

從診所鐵門一拉開看診，到了下診時往往已經晚上九點多。一整天工作下來總是非常疲倦，這種疲倦不僅來自生理（例如必須長時間採取坐姿與高度專注），也來自心理。一天看完十八位病人，沒有失手，讓他們平平安安地回家，是賺這個薪水必須承受的心理負擔！

◆ ◆ ◆

但因為那時候我開始上美國 Capella University 大學的遠距課程，所以還得找時間念書，時間分配更是緊繃到不行。這所教育機構相當特別，提供了許多在職進修課程，雖然上課時段非常自由，但老師批改作業非常扎實，對我這個連英文文法都掌握不好的學生而言，是很大的挑戰，因為我只能利用下班返家的這段通勤時間念書——從樹林搭火車回台北的時間。沒錯！二十幾年前我是搭火車（不是捷運喔）上下班。現在的學生只要聽到我的火車通勤生活，總覺得嘖嘖稱奇，好像那是「古早人」才會發生的事。

從樹林到台北車站的短短路途，就算睡覺也無法恢復身體上的疲累，還好我有一個法寶可以恢復心理上的疲累！那就是讀南加大教授 James W. Kalat 的著作 *Biological Psychology*，這本教科書出版到今天已經第十三版，是當時我修的那門遠距課的指定用書。我想，就算是小說、漫畫，能連續出到第十三版已經很不容易，何況這還是一本學術著作！十三版不僅意味那是一本「暢銷」的教科書，也是一本「長銷」書。我當老師後，也曾推薦給陽明大學的學生，因為那是老師我當年讀過的好書。

真心不騙，在晚上十點下班後，一邊通勤一邊看這本書，心情全變好了！

◆ ◆ ◆

我第一次對學生說起這件事，大家只讚嘆：「大澍老師您實在太勤學了！」換成大部分的開業牙醫，下班以後就是吃消夜或聊天打屁或上網打遊戲，怎還有精神去念書？但學生們很快想到「啊！因為你本來就對心理學、認知科學有興趣，你在看自己喜歡的書，自然就會有精神了！」這算是答對了80%。就像有些牙醫師喜歡聊移民或房地產，當他們看了一整天的病人已經累到不行，聊起「行情」時興致就來了。人一定要對某事有興趣，但不是強打精神去維持某個興趣哦，而是這個興趣本身就能促發一個人精神更旺！

能讓我在繁忙一天後精神大振，不只是我對這個題目有興趣，還因為 *Biological Psychology* 雖是一本教科書，但 Kalat 教授非常擅長用一種「說書者」的口吻來鋪陳內容，好像導覽員一樣帶領讀者認識心理學的世界，讓我愈讀愈有興味，因為書裡面的內容都是我不曾看過，但覺得特別好奇的。更重要的是，我在看這本書時，可以把自己放到一個新的境界，我開始「相信」有一天，我也會是一位人類心智的研究者，我也會是書中世界描繪的一部分。

◆ ◆ ◆

我不太懂人文教育的理論，但我常把這種體驗說成「聖經化」。對有基督信仰的人而言，看聖經不是看內容，而是只要把書捧在手上，就可以感受到能量（例如，我應該好好成為書中道理所描述的人）。我相信許多有宗教信仰的人，面對他們熟悉的經典都有這種感悟：看著書中的道理，好似我也成為那道理的一部分。

但讀「教科書」往往是另一回事。它總是工具性的，是知識的載體，或者更功利說，是考試題目的載體！學生通常會說，這本教科書很有趣，寫得很好，條理分明看得懂，然後有很好的收效（讀完後，期中考簡答題都寫得出來）。但如果今天有學生說，讀了某本教科書，讓人有奮發向上、覺得自己將來一定要幹出大事的感覺，那我可真好奇，是怎樣的教科書有這樣如同宗教經典般的力量？

◆ ◆ ◆

我不知道 Kalat 教授在撰寫教科書時，有沒有刻意把激勵學生對心智科學的熱情當作是一個重要目標。當年的我把這本書捧在手上的感覺，就如同捧著一本心智科學的聖經，**我心裡想的是：這就是我要的，我想懂這裡面的東西，因為我覺得能成為懂得這書裡知識的人，很棒！**

很多年以後，因緣際會我也出版了自己的學術著作，能有機會把自己寫的書和其他腦科學教科書一起放在書架，雖然那是一本專著，不是一般議題的教科書，而我也知道學術著作很難賣錢，實在苦了出版社，更知道這種學術專著，只要成書的當下就落伍了，因為新的研究證據如火如荼地發表，可不會等我寫完書稿。所以，如果從功利的觀點來看，我還真沒把握寫了一本書，到底能幫助多少學生。但請容我自大一點：我心裡有一個遠大的想像，就是有一天如果有學生發現我的書，不管是學術著作，或是有朝一日我也寫一本教科書，又或者是讀者您手上正在看的這本小書，心底也浮現那些奇思妙想，當把書捧在手上閱讀時，想像著「這就是我要的，我正想弄懂這裡面的東西！」那會是比微薄的版稅，來得讓人更興奮的！

不要埋怨當牙醫啦

前面幾篇提到，當年我是非常埋怨念牙醫學系的。如果按照我原本的思路：我可是要進實驗室研發重大生物科技的天才，要忙著研發癌症解方，怎麼能每天被鎖在這個小房間（診間）裡給人弄牙齒？

套用現在學生的話，應該就是一種「怨念」。但「怨念」這兩個字可能太嚴重了點，我並不是怨恨牙科的這些事情，像是把每塊石膏都切成一樣的大小，或是練習在模型上挖出同樣寬度的洞；也不是覺得當牙醫有多丟臉、受不了，比方每天算計業績，掛念病人給我幾顆星。我這裡所謂的「埋怨」是相對性的，相對於我自己在腦海中構築的夢想，會覺得現在牙科這些事情都是累贅。當然，如果有人說這是中二病，也沒錯啦！畢竟我的夢想本身就不切實際。念了牙醫學系就老老實實當牙醫，準備經營房地產與移民，誰還會去想什麼癌症解方、人腦奧秘的？

◆

◆

◆

不過哩，我常自比電腦遊戲「命運石之門」的主人翁，常因為懷抱著夢想而感到興奮，甚至被人認為這些夢想有點與現實脫節。像我們這類人啊就算有跳脫正常軌道的夢想，還真的會採取非尋常的行動去身體力行！像是我雖然當了牙醫，每天忙於服務病人與診所業績，還是天天找時間勤讀疼痛和腦科學的相關文獻（儘管根本沒人指導，裡面的技術細節我根本看不懂），而且超級認真地準備英文考試，IELTS 要考過六分是必須的。

那時我在樹林和土城的牙科診所上班，是那種在公車站旁，鄰近學校與住宅區，內行人一看就知道是位於開業競賽「主戰場」地段的基層診所。我們這樣的診所，是不會主打什麼專看疑難雜症的巨星級教授名醫，我們也沒有比佛利山莊等級的豪華設備與服務。但，這種「小診所」強就強在接地氣，來者不拒，「只要你進來掛號看診，就是我們的好客人！」

印象中有兩天排的是早晚診，也就是早上八點多看到十二點，下午大約五、六點看診到晚上九、十點。這個看診時段常被醫師抱怨，因為中間隔了一大段下午的時間空檔。不過當時身為診所最資淺的員工，好像也只能抱著「捨我其誰」的安然心態，順勢把中間的空檔當成念英文的時間。所以大概有半年多，我就是中午看診完後搭火車去台北車站，找間咖啡店占著座位看書四小時，傍晚再搭火車回樹林看診。晚上與凌晨的通勤時間則是獻給前面提到的、心愛的心理學遠距教學課程。

◆　◆　◆

雖說，我對奔波念書的行程漸漸習以為常，但還是不免埋怨「真倒楣當牙醫，晚上還要上班！其他人都是按表操課，下班以後就可以自己去念書或補習進修，唯獨我們牙醫都是晚上上班，打亂我的進修計畫，害我只能挖這一點點時間（下午休診的空檔）來念書！」

埋怨的種子，最怕被「比較」澆灌，因為越比較，埋怨的情緒就越強烈，就感覺越不甘！別人似乎都是好整以暇地準備進修或轉換跑道，「會不會只有我這麼辛苦？」「我這樣 IELTS 考得過六分才怪哩！」尤其是如果遇到了較難處理的病患，過上特別辛苦的一天，這種埋怨心情會更明顯。我心裡常想「我都還沒搞懂那個（某篇 *Science* 期刊裡深奧論文的統計方法），還要去分心管病人假牙黏好以後能不能咬東西？煩死了！」

「如果，我今天不是當牙醫師，那該有多好？」

◆ ◆ ◆

直到有一天，我突然想到「如果，我今天不是當牙醫師……那該有多壞呢？」假使我在一般公司行號上班，也許薪資不會比當牙醫好，如果我想爭取更高的薪資，搞不好會花更多時間，比起當牙醫，可以念書進修的時間就更少了。換言之，有沒有可能現在的狀況（一邊當牙醫一邊做這些事），反倒是我這齣「命運石之門」故事裡，最好的設定？

真的曾有學生問過我這個問題，我給了一個並非否定也非肯定的答案：「看狀況」。因為，對那時的我來說，出國留學必須負擔一筆極大的費用，我不一定能拿到什麼獎學金，所以盡可能累積足夠的出國基金，實在非常重要。在這個前提下，當牙醫不但不是壞事，反而是協助我解決這個主要問題的好方法。沒錯，一邊看診工作、一邊準備進修是有缺點，但它也不是沒有優點。我轉念了，也開竅了！

不過，我的狀況不見得適用於他人。也許另一位學生沒有留學費用負擔的壓力，但需要花很多時間補強英文。那麼，他花時間看診工作，對於攻克他的主要困難（英文成績不夠好）有幫助嗎？就要好好考慮了。

◆ ◆ ◆

當然，如果真的要比較，一定會生出更多的埋怨。像是我念博士班時，同學中有人三年就念完大學，然後進實驗室直攻博士（人比人真的會氣死人啊）。他們的求學之路絲毫不浪費任何時間，沒有繞道，就是走著「龍傲天」的路子，出了少林進武當，念完武當又遇到高人指點，順帶拿了幾本武林秘笈。如果和這些年紀輕輕就在學者道路上飛奔的同學相比，我簡直就是一個搞不清楚狀況的業餘參賽者。

不過人生築夢的可貴處，往往就是我們經常是在最不理想的情況下，去爭取比較理想的條件。假使我因為二十五歲拿了牙醫師證書，就相信自己永遠比不上一位二十五歲的博士，那就不會有後續的指望了！我們還是相信有「後續」，雖然當我拿到博士已經是十幾年後的事了。

科普大觀園

國家科學與技術發展委員會（國科會）做了許多重要的事，包括掌管國家命脈的重大研發工程，從上太空到入奈米無所不能，但這樣偉大的機構也做了一些貌似「普通」的事情，例如發表科普（popular science）文章。事實上，在國科會網站中我最喜歡拜訪的就是「科技大觀園」，裡面收集許多學者的研究成果，用一般民眾能了解的方式（多故事，少術語）加以闡述，讓科學研究的成果變成老少咸宜的知識。

以前曾有學生問：「大澍老師，我想跳出牙科的領域，去認識某個相對陌生的研究主題，要先念哪本課本？」我的回答是：「先去書店翻翻科普書吧！如果一本書介紹的新知會讓學生覺得津津有味，那麼，學生就會想學了！」為什麼這麼說呢？因為當我開始進入「心智科學大觀園」，涉獵人腦、疼痛、情緒這些議題的時候，我最初買的就是科普書籍。

我對科普寫作不太陌生。我常覺得我念大學時，是我們學校對實踐「科普」最有活力的時候，像是生物演化專家程樹德老師，因為他的譯著讓我認識到 Cajal 這位偉大的科學家，我到現在還把那本書放在辦公室裡，若有對研究有興趣的學生來找我，我便常跟他們分享 Cajal 的故事。生理學專家潘震澤老師，他是當年教我生理學的老師，也是著作等身的科普作者與譯者，後來我在英國進修時，還常跑去老師的部落格串門子，那兒有許多科學史的精采故事。還有羅時成老師，他當時是學校《陽明人報》的主編，我大學就在這家「報社」（也算學生社團）待了整整五年。羅老師不只自己是科普作家，也帶領我們認識各種寫作與採訪活動、學習如何將知識透過文字媒介傳播給大眾。

當然，學校當年從事這些科普活動的老師絕對不只這三位，但我已經夠幸運了，直接或間接地透過文字從這些老師身上了解科普傳播的力量。至於畢業後，當我一邊當牙醫一邊自修心理學與腦科學的同時，又再次借助了科普書籍的幫助。除了抱著 Kalat 教授的課本以外，我的書袋裡經常放著也曾在陽明大學任教的洪蘭老師翻譯 Steven Pinker 與 Eric Kandel 等大師的科普作品。對了，我之所以那麼喜歡 Kalat 的課本，也是因為書裡充滿著科普的趣味吧！

◆ ◆ ◆

或許有人會覺得，學生多讀這些「課外讀物」本來就是有益無害，畢竟這些書籍也是專家學者的結晶，但我想更進一步期望，學生乃至老師不只該讀科普，也該去實踐科普。實踐方式很多，早已不限於文字著作。從舉辦社區活動到拍攝短片上網，只要傳達的訊息正確清楚，無一不算科普的範圍！而我大學畢業以後也開始想，如果我對牙科與心智科學有興趣，那我是不是也能做一些實踐，例如將心智科學相關的議題介紹給牙醫師呢？我當年選擇的實踐方式就是做網頁。雖然說現在回想起這件事，我會尷尬地狂笑三聲，因為那大概是最自嗨（網頁好像很棒）但最低效（根本沒人瀏覽）的方式。當年我做的網站叫 NeurOdont（就是 neuroscience 神經科學＋odontology 牙醫學），如今在浩瀚網路裡還能找到一絲走過的痕跡，見證我的自大狂妄。明明肚子裡沒啥墨水，卻已經迫不急待想拿起大聲公發言了！

不過這種「想對大家說話」的意念，在我內心中一直沒有被抹除，以至於在日後浮沉學海的歲月裡，每當我覺得自己好像又多學會了什麼，就有種想要講出來給大家聽的衝動。記憶中我第一篇正式的科普文章是發表在《科學月刊》，講的是安慰劑效果的神經機制與疼痛（例如牙痛）與情緒的關聯，這也結下我與《科學月刊》的不解之緣，日後從念研究所一直到讀完博士，從助理教授到教授，直到二〇二三年的今天，我還持續投稿《科學月刊》，雖然我對科普傳播的貢獻永遠比不上前面提到的幾位老師，我也希望自己能付出一些微薄力量，而儘管我的研究應該不會有機會登上國科會的成果網頁，但是曾經接受過「科技大觀園」的採訪報導，對我這個長期讀者而言，也算是得到小小回饋了。

除了《科學月刊》，我大概也是牙醫界裡少數長時間持續投稿《中華牙醫學會會訊》，偶爾也會投稿全國牙醫師聯合會《牙醫界》雜誌的牙醫學系專任教師。只是，若真有牙醫師讀者對我有印象，大概也只會記得一些「怪怪的」文章吧！大家想看的應該是如何做植牙手術或矯正手術這些文章，怎麼會有人跑來介紹人類記憶的腦神經機制？這又和牙科有啥關聯？恐怕是令人滿頭問號！

然而，這就是實踐科普的樂趣所在！實踐科普的樂趣就在「報乎你知」。您以為這兩件事是沒關聯的，我就來講一個道理，讓您發現「哇！這兩件事竟然有關係」。從第一篇投稿至今快三十年，如果有人問我實踐科普最棒的地方在哪裡，我會說就是聽到那個「哇！」的一刻。

有一次我去高中演講，問大家漫威英雄裡誰最遜咖？在台下交頭接耳討論時，我給出的答案是「鋼鐵人」，「因為如果鋼鐵人靠近磁振造影（MRI）儀器，可能全身零件都會被吸走拆散了！」當我看到台下小夥子們露出好奇表情，此起彼落的「是喔！」「老師你唬爛吧！」「MRI 磁場有這麼強喔！」我就知道他們開始感到興趣、想學了。

當然，這裡需要持平地說，科普是好玩的事，對我而言充滿樂趣，但它不能成為一種「功課」。有些事情，特別是與趣味有關的，必須是做的人自己覺得好玩，才能讓別人覺得好玩。現在大學強調許多永續與社會實踐議題，從我剛剛說的寫作與演講，到現在最流行的社區民眾互動（例如帶領銀髮長輩玩遊戲）乃至老師拍短片當「知識型網紅」，都不能忽略「我想玩」

這個要素吧？如果寫科普計劃，辦科普活動變成一種KPI，變成為了放上學校官網而不得不做，那可能就失去了初心。

至於我呢，何其幸運地，從大學開始就有這麼多老師為我開啟了科普大觀園的門——你們充滿活力的文字，就是啟動我科普興趣的鑰匙。

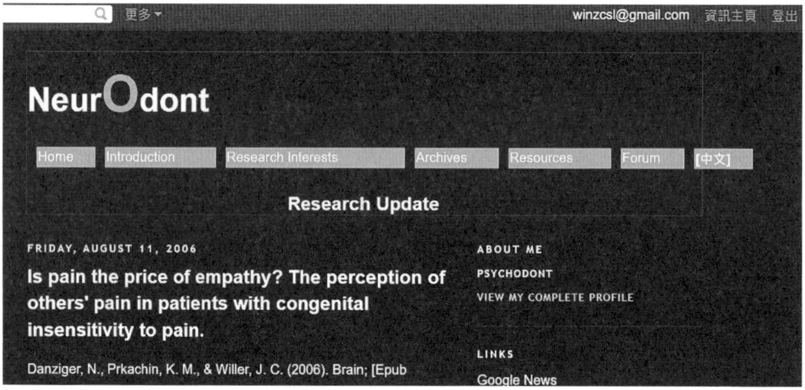

科普實踐的斷簡殘篇

雖說這只是當年一邊在診所看診，一邊自己找資料查文獻的大雜燴網站，不過給網站取這種名字，倒是可以看出來野心不小！巴望著自己將來能成為不同領域（神經科學與牙科）傳播知識的媒介。當然，那時候的我光是勉強讀懂國外的研究成果，已經備感困難了，若想好好說故事給大家聽，還有很長的一段路要走。

二

崎嶇研究路

三次被留學獎學金拒絕的留學生

- 二〇〇五年：前往倫敦帝國學院（Imperial College London）攻讀神經科學碩士，住在倫敦西北區一頗具特色的猶太正統教徒社區。聖誕夜前夕（12/23）在倫敦被歹徒行搶。
- 二〇〇六年：念完碩士回台灣，寫第一本書《臨床牙醫師必備：病患行為與情緒認知參考手冊》，由合記出版社發行。
- 二〇〇六至二〇〇七年：一邊在牙科診所上班，一邊準備陽明大學神經科學研究所的博士班入學考，一邊在臺北榮總做研究。人生中第一次摸到磁核共振造影（Magnetic Resonance Imaging, MRI）掃描做實驗。
- 二〇〇七年：報考陽明大學神經科學研究所落榜，意外獲得機會回到英國念博士班。
- 二〇〇七至二〇一一年：絕大部分時間都在牛津大學的人腦與功能性磁振造影實驗室（FMRIB）學習，窮到曾想到餐廳回收區撿別人吃剩下的薯條來吃（總有些人很浪費，整盤食物沒吃就放回收）。
- 二〇〇七至二〇〇九年：連續三年申請教育部留學獎學金失敗，換了三個學門（臨床醫學、基礎醫學、認知心理）沒一個過關。這輩子留學從未拿過我國政府一毛錢。
- 二〇〇九至二〇一〇年：獲得英國政府海外學生獎學金（UK Overseas Research Students Award Scheme）。

右手退場，左手登場

話說在二〇〇二年開始，我一邊在診所上班賺錢，一邊晚上念遠距教學的心理學課程，兩年後覺得學費差不多存夠了，IELTS 英語成績也考到手了，就開始申請英國的碩士課程。二〇〇四年的冬天到倫敦參加兩所學校的面試。

初到倫敦，我借宿在大學同學林元敏的宿舍，他那時已經旅英多年，我常跟他開玩笑說，雖然他比我更早開始研究所學業，但我們是大學同班同學，無論如何我都不會喊他「學長」！

雖然沒有申請上第一志願倫敦大學學院（University College London）的認知神經科學課程，但總算申請上倫敦帝國學院（Imperial College London）的神經科學碩士課程。當時元敏已經在那裡讀化工博士，熱情地向我大力介紹這所學校（我真的變成他的學弟了）。當年這所學校還是倫敦大學（University of London）的成員，不過習慣上我們都直稱Imperial College（IC）。就規模來講，相當於台灣的綜合大學，且在當時已合併大倫敦地區許多所醫學院，又成立了商學院。台灣留學生因此開玩笑說，這學校還真是有如「帝國」開疆闢土的作風。不過，儘管IC不斷擴大，卻依然是倫敦大學的一部分，直到數年後才拆分獨立出來。可見學校也像商家機構一樣分分合合，數年後我的母校陽明大學亦與交通大學合併。

◆ ◆ ◆

我在IC讀的是醫學院底下Neuroscience and Mental Health這個部門所開設的MSc Neuroscience課程，這是英國特有的學習制（taught）碩士課程。很多人以為這種課程只要上課寫論文就好，但實際上也需要做研究，只是它對研究的設定（至少在IC這所學校），講求實作應用，而不是獨立探索。而台灣的碩士養成，則較著重訓練學生獨立探索的能力，在擇定題目後，須按部就班地從文獻搜尋到實驗設計一步一步來，訓練扎實且含金量相當高。不過由於我們在英國讀碩士，只有半年左右的研究時間，很難從頭開始攻克一個議題，因此多半是加入博士或博士後研究員既有的研究計畫中，擷取一小部分的實驗做為自己探索的主題。

IC的課程非常強調基礎知識，像是有將近半年非常密集的課程，我幾乎是每天一大早到教室收到老師提綱挈領但頁數非常多的講義之後，就得到圖書館與寢室查找資料、整理到午夜。就這點而言，學習時間似乎比台灣的一些碩士課程來得更密集更緊湊。不過，我很難比較不同國家安排碩士課程的優缺點，還是讓高等教育的專家們來評論比較公允。我只想說，**不管學校**

學校及老師怎麼教，最最關鍵的還是學生的自我期許與適應！我的基礎不夠（大學念的不是神經與心智領域），更要趁這個學習機會好好補強，不然就浪費學費了啊！那可是我自己在牙科診所日夜辛勞的努力所得。

◆　◆　◆

那麼，這趟碩士學習之旅究竟順不順利呢？在某方面來說答案是肯定的。畢竟我努力克服了前半年的課程測驗，又用半年的時間完成論文。最辛苦的部分與其說是英文，不如說是數學！因為我進入的實驗室做的是人腦生物影像分析，最需要程式與數理統計的基礎，然而統計學對我這位前牙醫師而言，已經是生疏了幾百年的東西，但很幸運地，我那時遇到一位非常有熱誠的教授，他是一位人腦生物資訊分析的專家，為我們講解基本的統計學概念，儘管所謂基本，對我這個門外漢來說，已經是數學系大學生的守備範圍了。我深知如果這些「簡單」的統計學概念都搞不定，就更別說到實驗室裡做研究、完成論文了，因此有好幾次我都厚著臉皮跑去敲他辦公室的門，想討論的當然是他講義上那些「基本的」統計學概念。

不過，這時候出現了雙重困難。首先是我的數學不好，所以才需要向教授請教，可是我英文也不夠好，那豈不是連教授講什麼我都聽不懂？但，教授好像早就料到這點，很明顯地刻意放慢語速與我交談。其中讓我信心倍增的一句話，就是 “You know, English is also the second language to me.” 就是這句話，瞬間讓我減緩了溝通的壓力，因為我是台灣人，而教授是義大利人，誰也沒有語言優勢！

直到今天，我還是非常感念這位教我們統計學概念的教授。記得有一次向他請教 t test 的原理，聽著聽著我好像突然發現什麼，不自主地發出「Ah」的一聲，像是被打通什麼關節一樣。教授看著我，笑著說，聽到學生「Ah」的一聲就是想通了，正是他教書覺得最快樂的時候。**我相信世界上真的有一些人，他們不僅以教書為榮，更以教學為樂。**

◆　◆　◆

但要進入實驗室，我還有一個關卡要克服，那就是醫學影像分析。醫學影像分析本質上就是處理生物資訊，所以運用電腦程式是必要的。在我念大學的年代，「斜槓能力」四個字還未誕生，大部分同學只專注自己的專長領域，因此若有牙醫學系學生跑去補習電腦，周遭的人大概也很難理解。所幸我在當兵的時候，跑去考了 Linux 的系統管理員證照，還跟同梯的弟兄們開玩笑說：「我這是培養『左右手都能賺錢』的能力啊！」不過弟兄們總一臉欽羨地說：「醫官，你光靠右手一隻手賺錢就夠了！」他們看到的應該是我當牙醫師的專業。不過，我那時隱約已經立定目標，希望未來是做研究而不是臨床工作。至於，當時為什麼想去考這些證照，也是因為我喜歡！依舊是任性地擇己所愛啊！

沒想到好幾年後在英國，當我去實驗室和指導教授面談時，這個「左手的能力」（寫電腦程式）讓教授大感意外。當教授聽到我略懂一些簡單的系統管理與程式寫作能力，突然覺得我好像就是最適合做這個專題的學生了。

當然我自己也沒料到，當年一邊當兵一邊考取的證照，有一天在遙遠的倫敦 Hammersmith Hospital 裡，幫我爭取到人生第一次接觸人腦神經造影研究的機會。**我想這或許也是「人生沒有用不到的資歷」這句話的例證吧。**還有，從那時開始我的「右手」就漸漸退場了，我靠著「左手」走到今天。

第一次留學就被搶

話說「留學就是燒錢」，這句話在留學生口中並不是開玩笑的。我前往倫敦念碩士時，恐怕是英磅兌換新台幣到歷史最高位的時刻。我常調侃自己過去工作的薪水，先給學校提領了一遍，然後再讓銀行的兌換處提領了一遍。咳，這玩笑一點都不好玩！

學費已經繳出去了，只能靠努力學習去把它「賺」回來。但還沒花出去的錢就不能再浪費了，所以從初到英國開始，「要省錢」這個想法就像達摩克利斯之劍一樣插在我心上，除非是特別值得開心的時刻才會小小地讓荷包放縱一下，例如聖誕夜前夕。我記得那天是十二月二十三日，中午我和台灣室友在宿舍請一票同樣來自台灣的同學們「用台灣人的方法歡度聖誕」——吃火鍋！

包括我在內的很多同學們，從小就聽聞那些「留學生」的故事，好像都是與外國友人和樂融融，稱兄道弟，然後從台灣本土一躍成為世界菁英人物。我當然也很嚮往那樣的場景，但我就是辦不到，光是英文這件事就有些傷腦筋。雖說，我也是IELTS 考取及格分數前往留學，但「上課的英文」和「酒吧的英文」是相當不同的，我可以努力在課堂上聽懂教授在講什麼，但要我在派對裡和外國同學聊天打屁，還能接住他們的玩笑話，深表同感地大笑、回應，真是超困難的，我就是聽不懂那些梗在哪裡啊！對我而言，台灣同學聚在一起互相吐苦水，才是不需要做作的輕鬆時刻。

◆　◆　◆

話說那年聖誕前夕，在我開開心心地吃完「火鍋大會」後，到了晚上就畫風突變。那時候我去超市買完東西準備回到住處，走在寥寥無人的社區巷弄裡，在我幾乎毫無防備的狀況下，有隻粗壯的手臂從後面繞住我脖子，我整個人一下子無法動彈。此時眼前又出現另一個人影，迅速地奪走我側背的背包與皮夾，然後飛快消失。

我連回頭看都來不及。更正確地說，是喪失勇氣，腦袋空白。等回過神的時候，僅存的反應能力也只是自言自語地說：「唉唷，被搶了！」心裡想的是，這是我們每位留學生的噩夢，大家口耳相傳要警戒小心的事情。偏偏我就中了！

◆　◆　◆

第二個反應，是立刻確認身上至關重要的三件寶貝：信用卡、護照和住處的鑰匙。嗯，都被搶了。好在手機並沒有被搶走，所以我做的第一件事是打電話掛失信用卡。好幾年以後，我還在課堂上和學生「沾沾自喜地」分享這個經驗，提醒大家千萬要鎮定，信用卡丟了沒關係，但要記得掛失。

但，住處的鑰匙也被搶了，怎麼辦？我開始擔心萬一歹徒跟蹤我，找到我租屋處，那不是更危險？也不知道哪來的心機，我就想說繞個小路，希望不要被他們發現我住在哪裡。也許有一點多慮吧？但這是我的「阿Q精神」，我已經在你們壞人手中吃虧一次，我得想辦法「反擊」，不能讓你們再贏第二次。

好在總算一路平安回到住處。但這時我才驚覺，鑰匙掉了，我根本進不去呀！而且鑰匙掉了就表示要換鎖！我只好硬著頭皮連絡房東。房東老先生是一位香港移民，也是位閱歷豐富又的「老倫敦」，每天早上都會帶幾瓶飲料給我們這些在倫敦求學的留學生，有台灣人也有外國人。他在電話那頭提醒，聖誕節前夕肯定很難找到鎖匠來換鎖，就算找得到鎖匠，也會是一筆不小的費用。不過，我還是換了鎖，所費不貲。

◆ ◆ ◆

接著，我又到警察局報案以解決護照問題。但這部分的情節因為過了快二十年，我有點忘了當年報案的狀況。印象中就是填填資料，確認遺失物品並留下紀錄。但！重新申辦護照才是錢包大失血的一刻，因為包括護照上的英國簽證都要重新申請。後來我也跟學生亂開玩笑地說，當天歹徒從我身上搶走的現金並不多，但我事後繳交給英國政府（辦理簽證）的費用卻讓我心如刀割。

雖然證件可以重辦，門鎖可以重換，但這件事在我的人生記憶卻留下難以抹滅的一刻，在那之後的幾個月，我走在街上時都會特別戒慎，好像一感覺有人靠近，心裡就會重演當時的驚恐。那幾年在歐美國家特別不平靜，主要是因為「反恐戰爭」。我在英國留學那年，倫敦發生恐怖攻擊，我也難免感到身處異地，一切並不是那麼愜意。在倫敦感受的警戒氛圍，是我們在台灣難以想像的，我常常搭個地鐵接到廣播通知要盡速下車，因為車上發現不明行李箱，擔心是恐怖攻擊的一部分。

◆ ◆ ◆

當年在英國的留學生擔心恐怖攻擊或是人身侵害，過去三年又遇到 COVID-19，這個世代的留學生也面臨他們無可避免，但還是要硬著頭皮去應付的挑戰。我常想，也許有一天我們國家的主政者也會意識到這一點：**留學生是戰士。這句話的意思是，台灣的年輕人出國留學，是冒著各種風險，在智識的領域上為我們開疆闢土。**不過，這幾年也常聽到一種說法，大概是台灣年輕人出國留學越來越少，有人擔心會不會故步自封或是知識跟不上國際，但我認為，根本問題在於我們如何看待留學生，像是如果到街頭做訪問，只要聊起曾經留學的人，總有民眾會說：「喔，那就是家裡很有錢，會出國拿學位的傢伙吧！」

我不想特別強調留學生有多艱苦，特別是我們這些家裡並不有錢，為了做這件事把積蓄都梭哈出去的傢伙，因為無論在何處，年輕人都在經歷艱苦，這群台灣留學生並未與眾不同。我要強調的是，這種「苦」（也有甜）也是奮鬥的痕跡。**我們很習慣用「偉大」的一面來考核留學生的成就，例如發了幾篇論文，和幾位外國教授一起拍大合照。而一位留學生被搶劫，是否也算一種奮鬥的烙印，戰士的標記呢？**

報考神經科學研究所落榜

話說二〇〇六年，我在倫敦帝國學院拿到碩士學位，人生的下一個目標就是「回台灣賺錢」！原因是在倫敦的一年半時間，已經掏空了我原本存下的人生基金，我也沒辦法馬上去規劃下一步要做什麼。

或許有學生會覺得奇怪，老師不是都教大家要有長遠的規劃嗎？你自己怎麼會走一步算一步呢？

其實一點都不奇怪。因為不管你有多宏偉多風光的規劃，一切通通都依賴兩個字，叫做「後勤」。就像是開車的時候，不管想到多了不起的目的地，只要車子沒油了，第一個要找的還是加油站吧！缺錢就要補錢，缺油當然要立刻補油。而我比較幸運的是，可以趁著這個「加油」的時候，回到牙科診所重新看診賺錢，然後開始思考，如果我要繼續攻讀博士，是否還要再出國讀書？要再次掏空人生基金嗎！？

◆ ◆ ◆

好在這個問題，我幾乎很快就得到答案：「不用！」因為我的目標是人腦與神經研究，幹嘛需要去國外，台灣就有最棒的老師與研究了！也許大部分學生並不知道，陽明大學很早就成立了「神經科學研究所」，在亞洲甚至世界都是先驅級的研究機構，尤其在人腦與認知方面，是世界各國前來取經的對象。

太好了，方向明確，這表示如果我想往上到更好的地方，根本不用捨近求遠，直接返回母校拿神經科學研究所的博士班報名簡章。

然後就是努力讀書準備考試。「咦！老師不是已經『學成歸國』，拿畢業證書去申請不就好了？」這裡我要說明一下，過去碩博士班入學都是有筆試的，錄取名額也不多，而且筆試尤其重要，因為筆試題目與這個系所老師們的研究取向有關。例如當年神經科學研究所裡有許多語言認知科學的專家坐鎮，想要獲得師長認同，就要充分掌握語言認知這些議題，那剛好也是我最不懂的部分。所以考研究所，至少在我那個年代，也和考聯考一樣是需要努力念書的，而我又找了一個最誇張的方法來念書，就是把新台幣五千多元的 *Cognitive Neuroscience* 這本書，拿來重念一遍。在哪裡念呢？就在我打工看診的牙科診所醫師休息室裡。

這樣抓著時間念書，到了考試那一天，心裡也挺充實的，雖然自己不是語言認知方面的專家，但自覺至少寫出來的東西，肯定能讓老師們感受到「誠意」，讓老師們感覺到「這個牙醫師吼，竟然也能寫出這些東西，看起來是有備而來。」不過筆試結束後，我發現口試才是最難的一關。台下坐著的不只有認知神經科學研究的世界級權威，還有未來的科技部傑出獎得主，在*Science*發表頂級研究成果的大師，這個陣容遠比我在英國念個區區碩士，所能見識到的場面還難上太多了！

印象中，當我報告完，師長詢問的第一句話是：「你知道我們這邊是做哪方面的研究嗎？」我當然知道是認知神經科學的研究啊！只是我忽略了一件事，那就是以我牙醫學系的背景，我就是一個「臨床那邊的人」。以我的臨床背景，真的適合念神經「科學」嗎？我會不會永遠只是一個僅能幫病人補牙然後收費的牙醫師，**我懂科學嗎？我能說服老師們，我是一個「科學人」嗎？**

老師的問題把我問倒了。我甚至懷疑，自己是否不應該出現在這裡。我走錯地方了，大部分的牙醫師此時此刻是在診所裡幫病人補牙，而不是勉強自己半瓶水響叮噹，在那邊無知地解釋人腦與認知功能。**我是否太驕傲了？我覺得自己有能力從事某種領域的研究，和師長眼中認為自己是否有這種能力，是大不同的。**

◆　◆　◆

非常不出意料的，我落榜了。而該屆唯一上榜那位，就是一位自碩士開始追隨老師持續從事語言認知科學研究多年的同學。這是很理所當然的——**因為科學研究沒有捷徑！**儘早開始相關方面的研究，並跟著老師發展能力，英文叫做 on the right track，這才是王道；像我這種半路出家的，並不是不能與之競爭，而是應該先反問自己，「憑什麼」與之競爭。

不過，此次出師未捷，對我來說的確是一個很大的挫敗，因為我總以為自己很有膽量、在開創新道路，但在理想與驕傲底下，並沒有充分而扎實的根柢。直到今日，我還是非常感謝這位師長，因為他為我上了一堂很重要的課：「我根本不認識你，但年輕人，最重要的是你自己要認清你從哪裡來」。

好運一時、壓力常在

報考母校的神經科學研究所博士班失利後，讓我對自己的信心產生巨大的動搖。雖然還不像當年聯考失利那樣崩盤，畢竟年紀也比較成熟，會開始思考一些正面的問題，例如，假使還有機會申請博士班，是不是有哪些方面要加強？我的策略是不是有什麼問題？比方，我一直認為自己的目標是從事基礎研究，但別人看我卻是牙醫師跑來「改換門派」；這世界上有地方願意接納我這種「血統不正」的傢伙？這世界上有這樣奇怪的地方嗎？

但眼下顯而易見的是，想在台灣念博士班的計畫泡湯了，所以很可能又要回到最勞民傷財的情況，就是出國念博士班。更讓人膽戰的是，我的年齡不小了，這一趟再負笈讀書，恐怕念完的時候，白頭髮都跑出來了！儘管煩惱爆多，但很多時候人只要一行動，膽子就會變大。我記得收到落榜通知那天，氣極敗壞了一個下午，但到了晚上，我就收拾心情上網尋找可能申請的目標，寫 email 給幾位英國與美國的老師詢問。不出意料，大部分都石沉大海。

◆ ◆ ◆

直至幾天後，我收到第一封回信，來自英國伯明罕大學的教授。讀他的回信讓人充滿元氣，將我心中的陰霾一掃而空，那種感覺就是「雖然我不知道你是誰，是哪來的台灣人，但我願意聽你講」。接下來我們信件往返，討論了幾回關於在那邊念博士班可能的狀況，特別是我最擔心的學費問題。**我想我在台灣連研究所都考不上，又怎有人脈或資格去取得推薦信或申請到台灣的獎學金呢？**

過了幾天，收到第二封回信。這封是來自牛津大學教授的回覆。讓我驚訝的是，我在念遠距教學的心理學課程時，就對他們的研究很感興趣，還曾經很認真又似懂非懂地去看他們發表在 *Science* 上的成果。這位牛津大學的教授與伯明罕大學的教授一樣，也是親自回信詢問我的狀況。我當時以為國外的大教授都是請博士生或秘書代勞，他們沒空理會這種小事，沒想到居然能收到大教授的親自回信。但如今我思索，**正因為這些教授們明白，指導學生是極其嚴肅的事情，所以願意親自花時間與我這樣微不足道的年輕人對話**。我很感激這兩位老師，因為他們是一種表率，不看身分高低，願意與年輕人對話。

伯明罕大學教授明白我的經濟狀況，竟然親自去探尋，幫我確認了一份金額不小的獎學金，那筆數額比台灣許多大學生畢業所得還多哩！而牛津大學這邊則是很坦然地解釋，他們目前沒有獎學金，所以凡事都要我自掏腰包了。這可真是難以立刻下決定。

聽起來，我還有兩個學校可以選擇，是不是太臭屁了一點？但當時我一點都臭屁不起來。因為我已經稍微學乖了，領悟到人生不能只看那些表面爽快的結果。去伯明罕就是拿到很多錢很爽，去牛津會覺得很臭屁很爽。**但人生的抉擇不是只有看「爽」。萬一念了不合能力的研究主題怎麼辦？萬一念到一半又沒錢了怎麼辦？**

◆　◆　◆

雖然我後來選擇到牛津大學的研究團隊，但從那刻起，我的「爽」就一直被「缺錢」的巨大陰影沉沉地重壓著。人生的選擇往往只是去面對更大的承擔。在那幾年的求學過程中，我幾乎沒有什麼「拿著牛津大學學生證自我感覺良好」的機會，倒是天天都在擔心吃飯超出預算，每天都在想學校的 café 會不會有比較便宜的餐點。

更遺憾的是，我連續三年申請台灣教育部的留學獎學金，換了三個學門申請都沒有著落才終於死心，但也開始不太想與其他的台灣同學們來往。原因很簡單啊，因為其他人幾乎都有大小獎學金支持，而我就是一個「無根的浮萍」，總是在意口袋裡剩幾個銅板，連出去聚餐都很為難。

好運有時會來，但壓力永遠都在。

我「電」了我的指導教授

這是真的。就算有人發明時光機回到過去，也能清清楚楚看到這一幕：在我博士班的第一年，我「電」了我的指導教授。

我的博士論文有兩位指導教授，其中一位Irene Tracey博士當時貴為牛津大學麻醉學系主任，也是國際疼痛研究學會（International Association for the Study of Pain, IASP）的主席，被我這個剛進實驗室不到一年的博士生「電」到痛起來哩！我們使用醫療用的生理電刺激器，把兩個導電片貼在她手上，然後觸發電流迴路。這會讓「被電」的受試者有一種麻麻刺痛的感覺。

◆ ◆ ◆

即使我自己爆雷，但還是會有人覺得太誇張吧？堂堂牛津大學教授，怎麼會給一個台灣來的博士班學生當成「白老鼠」做測試？但換個角度想，一位資深學者以身作則，親自站在研究第一線和後輩討論研究進行的細節，這是再正常不過的事吧？

我也不諱言，在讀博士班一年級的時候，我的指導教授聽到我想用連續的電刺激來研究一些有關疼痛生理學的議題，她是有一點擔心的。她不清楚這種刺激會不會讓受試者覺得太痛／或是太不痛？會不會這個那個……可能因為有這層擔心，教授決定與其問東問西，不如自己親身一試！這就是一名科學研究者堂堂正正的求證態度。

我常和學生提到，醫學與神經科學裡有名的學者 Henry Head 曾經為了確認神經修復與疼痛的關聯性，甚至自己切斷手部神經，自我觀察並記錄神經修復的狀況。當然，我個人是絕對反對這麼大的「犧牲」，這犧牲在一般人眼裡根本難以想像。但我想強調的是，做科學研究的人絕對不是動口不動手的「書呆子」，相反地，我認識過最棒的學者，包括我的指導教授當年讓我這樣慘電，他們最在乎的是「實作」。因為科學研究離不開經驗與實證。我猜想，當時指導教授心裡的聲音是，有什麼可懷疑的？不如「我自己試試看！」

◆ ◆ ◆

所以當我把導電貼片貼在指導教授的手上時，我心裡有一種感受，她不只在教我如何做這種實驗（因為我一開始貼得位置不對，就被她糾正了半天），而是在教我一件更重要的事："Chia-Shu, you need to do it by yourself!" 這件事是如此重要，以至於在她忙碌的行程裡，大小事經常要請秘書代勞的狀況下，還願意花上一個小時和我做這個小小實驗。我的另一位指導教授 Katja Wiech 博士是心理學家。我們討論研究最興奮的時候，也不是在那邊講述理論，而是查看資料統計圖的一刻！

如果一位學生永遠只在誇誇其談，遲早有一天指導教授會說：「喂，那 data 拿給我看看吧？你做了什麼啊？」當然，如果角色互換，老師永遠在那邊講述大道理，是不是身為學生的我們也有資格要求：「老師，您可以做給我看嗎？」我覺得這絕對不是「犯上」或「不尊師重道」，相反地，不管資深或資淺，研究者本來就是不斷從做中學。指導教授也曾是一名菜鳥研究生，他們也是這樣走過來的。

話雖這麼說，我不能因此就斷言指導教授一定要身先士卒，所有事情都要事必躬親，成為學生身邊的親密戰友。因為親密戰友（close support）與「保姆」很可能只有一線之隔。事事關照、隨時輔導、一切按表操課等，這樣的「密接支援」，反而可能讓學生無法自我成長。重點應該是讓年輕研究者了解，不管今天教授的官位有多大，學問有多高，他／她依然能親上前線，展現對科學探索的尊重，這種身教是非常重要的。

只不過對我這個菜鳥而言，當年指導教授竟然要我在她身上做實驗，願意成為學生的白老鼠，對我是很大的衝擊。因為在那之前，我一直以為「教授」主要的工作就是「叫授」，動口不動手才是崇高尊貴的學者。但我的指導教授卻自己捲起袖子來，還不斷指正我電擊的位置如何才能發揮效果。

話說，我持續電擊指導教授三十回合後，我問她對於這樣疼痛的經驗感覺如何，她才說：「喔，我覺得這還蠻安全的，這樣的刺激應該會有效果。看看（我們的實驗）怎麼做吧！」

我那天在想，如果有一天我也成為老師，希望我也能被同學當成是和他們一起在前線奮戰的老師。那樣應該很棒！

我的學生不會搭長途巴士

在念博士班第二年，剛好國際疼痛研究學會（IASP）在英國格拉斯哥舉辦。我也興致勃勃地參加，只是發表的是早先在台灣謝仁俊老師實驗室的研究成果，而不是在牛津的成果。不過，坦白講，博士念到那時還沒具體成果啊！

但年輕博士生都有一種特質，或許也可以說是莽撞或有點「不識相」，就是很渴望自己被人注意。那怕只是某位大師走到自己的海報前稍微瞄一眼，都會有一種觸電的感覺，好像自己終於被「看到了」的雀躍，意謂著自己將成為某個「更大領域」的一分子。我也是抱著這樣的心態去參加會議的海報發表，而且真的收到一位曼徹斯特大學教授留了一張紙條在我的海報上！這足足讓我興奮了好幾天，覺得自己真不虛此行，我被人看見了！

◆　◆　◆

前面講的特質，其實許多年輕的研究生都會有，我覺得也可以說是一種對榮譽的渴望，不是壞事吧！但接下來這個特質可能就不能說是好事了。許多年輕研究者會低估「現實」的重要性，例如柴米油鹽這些事與研究的關聯。年輕人嘛，可能會覺得憑著自己的腦力與意志，沒有任何課題不能克服。但請容我以過來人的身分提醒，**如果沒有食衣住行的後援，沒有柴米油鹽的考量，何來充分的腦力與意志力？**

就在開完 IASP 年會，準備打道回府時，我搭上了蘇格蘭前往牛津的長途巴士（coach）。雖說英國本土不算很大，但也從天亮開到深夜，約莫凌晨三、四點，終於到了距離牛津還有一段路的小鎮（我已經忘了名字，但可能是鄰近的 Milton Keynes）下車，等候轉車。

凍死我了！

◆ ◆ ◆

可能因為低估了英國的嚴寒，我只覺得「冷」感從四面八方鑽進身體裡；但也可能是我為了省錢，長時間吃得不夠多，身體幾乎沒啥熱量去抵禦外界的寒冷空氣，在車站裡足足發抖兩個多小時，冷到我直接鑽進公共廁所裡想禦寒。只是，躲到哪裡都天寒地凍，一點用都沒有。

那時我心裡萌生一個念頭「我會不會在這裡凍死啊？」如果有台灣留學生拿著研究海報，在車站被凍死的話，這新聞傳出去，應該我們政府會考慮多給留學生一點獎學金吧？邊想著邊覺得益發悲壯，**自己在這裡孤軍奮戰，沒有拿到中華民國政府任何一毛錢，也不像一些醫師們有醫院奧援，或是得意門生有大師庇佑。我就是孤家寡人自己闖，現在快要凍死了。**

當我回到學校，用開玩笑的口吻向 Irene 教授提到這件事，好像我已經成功通過了英國嚴寒的考驗，我就是打不死的蟑螂，哇哈哈哈！萬一以後拿不到博士學位，可不能用「天氣太冷無法念書」來當藉口。但當我講完後，Irene 教授似乎不高興了。

這是我印象中，第一次也是唯一一次，看到她嚴肅地說：「Chia-shu，我的學生不會有人在這樣狀況下去搭長途巴士。」接著又跟我說，請隨時去找祕書討論，不管坐飛機或坐火車，老師都盡量幫忙，「去弄清楚實驗室的交通經費！」

我當時真的很窘，覺得自己應該做了一件讓她非常難堪的事。因為學生如果講了笨話或做了笨事，怕就會讓指導教授感到難堪，覺得「怎麼教出這樣的學生」，自己面子上掛不住。但我那時也頗納悶，教授為什麼這麼嚴肅地看待這件事，莫非她真的很關心我的健康，怕我多吸了一點冷空氣會得肺炎？還是她想要炫耀自己研究經費多多，讓學生搭飛機都沒問題，我怎麼那麼笨不懂得享受？

◆ ◆ ◆

不過，我後來想通了。我相信優秀的教育者會在適當時候把握機會，讓學生在這輩子記憶最深刻的時候，學到一些事。就像 Irene 教授那天對我的嚴厲口吻，使我至今難忘，也讓我了解，做研究不是只憑著什麼熱情與意志力就好，不是沒吃東西、沒穿足夠的衣服，能挺過寒冬去完成了不起的研究，彷彿就能成就一個童話故事，多激勵人心，好像拿著木棒也可以打贏薩諾斯吔！真實世界裡要打贏薩諾斯，我們需要龐大的人力、物力作為後勤。

弔詭的是，我常覺得台灣許多年輕人就是在這種「童話」的激勵下成長，**我們跟年輕人強調那種刻苦的童話故事，好像就是那樣才能給予鼓舞，能挺過苦難才算有真本事。但這真的是合理的嗎？**「某人刻苦勵學，三餐不繼還能考上臺大」或是「在極度艱困的環境下，竟然還能做出驚人的研究」這類的事蹟，常被外界或媒體放大。難不成每位前往舊金山發表最新研究的學生，都得自己划著獨木舟橫越太平洋，這樣才是真學者？

“Mind over matter”的故事很激勵，但不該是常態。而我想，“Mind your matter”也許才是老師想提醒我的。

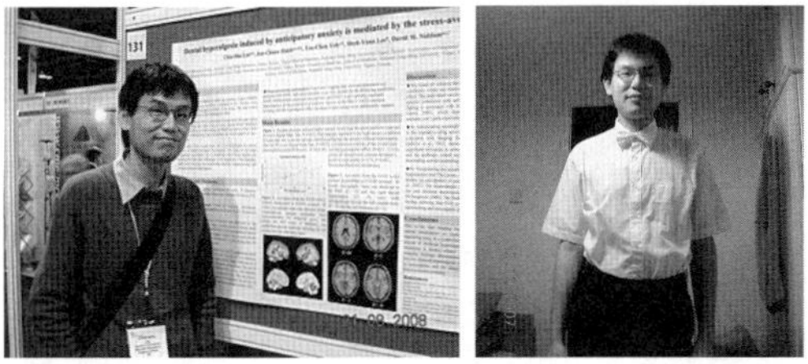

做研究做到後來會改變一個人……的體型

左圖是 2008 年參加 IASP 年會時的照片，顯然以這樣的身材面對清晨不到三度的低溫，看上去就有點困難。附加右圖作為對照：這是 2007 年開學典禮時的我，看得出在短短一年間我的縮衣節食有了明顯成效。

被教育部放棄三次的留學生

我初到牛津大學的時候，台灣同學會會長 Gary 非常熱情地邀請我參加活動，我也很自然地成為台灣同學會的活躍成員。原因無他，因為我的英文程度根本不足以和英國本地同學打成一片。請相信我，在酒吧聊天所需要的英文聽說能力，遠高於我上台報告論文所需要的。所以有機會多和台灣同學在一起，實在是非常開心的事！

但跟台灣同學在一起，也不全是開心的，因為有比較就有傷害。我發現，自己似乎是從台灣來念書的大夥中，唯一沒有拿到獎學金的博士班學生。好友中有公費留學考試的高手，也有教育部留學獎學金的得主。當然，一些醫師學者們是所屬醫院派出來進修的，當中也有來自醫療相關機構的支持。

「我是誰？」捫心自問，我不過是一個剛從牙科診所辭職，對研究人腦心智有興趣的普通人，如果我是獎學金審查委員，我會想頒獎學金給我自己嗎？

當年教育部獎學金的申請是按照學門進行。我第一關就遇上難題：到底要申請什麼學門啊？「牙醫學系畢業＋利用神經造影方法＋研究人腦與疼痛恐懼有關的機制」這樣的「跨領域」，恐怕連審查委員都覺得莫名其妙，是哪來的組合獸（chimera）？我曾經申請和疼痛與麻醉有關的臨床醫學學門，不過我不是醫院主任眼中的明日之星；又曾經，申請心智科學領域學門，但台灣認知神經領域的前輩們，壓根沒聽過我這個外行人；再曾經，申請基礎生物醫學相關學門，可我卻連生物化學研究所都沒念畢業，更別說也考不上台灣的神經科學研究所。

我知道啦，答案就是「血統不正確」，對吧？反正我走到哪裡，人家就說「那個鑽牙的牙醫，跑來幹嘛」，我知道我的額頭上沒有天生的胎記，刻著「我是神經科學大師第X代弟子」。我沒有哈利波特額前那種傳奇的魔法印痕，魔法學校裡有我沒我都沒差。

跨領域研究≠「組合獸」

我的博士班研究主題，是關於「利用神經造影方法來研究人腦與疼痛及恐懼有關的機制」，題目已經夠怪了，把神經造影（聽起來高科技的東西）與人腦（聽起來像是醫生在管的東西）與疼痛恐懼（

聽起來像是恐怖片裡演的東西）結合在一起。更怪的是研究者還是一位半路落跑的牙醫師？我雖然自嘲這是「組合獸」，但它其實是一種「跨領域研究」。這裡說的「跨領域」是指要研究這樣的議題，從研究方法到研究目的需要擁有不同領域的概念與專長。先說研究目的好了，每次我和病患提到我對人類「怕痛」這件事很感興趣，很多人馬上笑著說，因為你是牙醫嘛！天天遇到怕痛的病人。但我還想研究人腦，因為神經科學文獻告訴我們，痛覺或情緒經驗都與人腦機制有關。我又不能把頭殼挖開（就像把牙齒挖開）來研究啊！所以我需要學習科技，用影像醫學的非侵入性方式來了解人腦。因此「跨領域」不是把多個領域（multi-disciplinary）湊在一起，而是可以把多個領域整合起來（inter-disciplinary），解決一個看似簡單的問題。

◆ ◆ ◆

當年的我說，我們國家不應該讓年輕人氣餒到這個地步。但今天的我覺得，我要自省，是我要去闖這個根本風馬牛不相及的路，自己才是最該負起責任的人。

獎學金不是沒有，都放在那裡唷！如果我乖乖地在醫院裡撐到升上住院醫師、總醫師，成為大家眼中的牙科明日之星，或許就能獲得前輩的提攜，如同現在也還是有許多年輕醫師接受醫院或機構的補助出國進修，憑著有目共睹的優異表現拿到獎學金，才是正途啊！要不然，也可以在台灣追隨大師的腳步，從洗碟子到碩博士一路攻讀，好好地承繼大師衣缽。康莊大道就在眼前，路標都已經擺放的很清楚，林嘉澍，你幹嘛偏偏不走正路，自己在那邊亂搞？

◆ ◆ ◆

日後我和學生聊到這事，常以政府推動「沙克爾頓計畫」這個例子來說明年輕人如何被「寄予厚望」：「你們聽過沙克爾頓（Ernest Shackleton）吧！就是那位去南極探險失敗，繞了一大圈但最後安然歸來的傢伙。我們科技部長官高瞻遠矚，把獎勵年輕學者的專案命名為『沙克爾頓計畫』，就是要鼓勵年輕人勇於探索冒險的勇氣啊！」

研究就像探險。沙克爾頓用自己的雙眼、雙腳去尋找新大陸，與我們從數據與資料中去尋找新方向，本質上是一樣的。但我想，不是每個人都必須成為沙克爾頓，如果有良好的嚮導與地圖帶路，我們一樣不排斥輕輕鬆鬆地享受大自然；同樣地，假使有前輩提攜，有充足的經費與行政力量支援，也稱得上是研究者的福氣吧！

不過我覺得以「沙克爾頓」命名，很可能不是祝福，而是一種「詛咒」。因為他的團隊從來沒有攻抵南極點。我常想，我們長官應該知道這些典故，那為何還鼓勵大家當沙克爾頓？有沒有看到那個林嘉澍，沒有前輩提攜，沒有經費，一個人在國外亂搞亂闖啊！這樣被「詛咒」的留學生，不該值得效法啊！

◆ ◆ ◆

雖然我不知道會不會有別的同學，被獎學金拒絕的次數比我還多。但我很肯定當我三次申請獎學金都宣告失敗後，我決定「予以尊重」，尊重自己成為一個沒有拿過台灣政府任何獎學金的人。這是事實，所以沒必要掩飾。**在我教師新聘演講、升等演講，乃至與國外學者交流時，我都沒忘了強調這一點：我們的政府沒有給我半毛錢，在我求學的道路上。**

但，我在此想對「林可勝—王世濬學術基金會」表達感恩，因為在我最無助的時候，向基金會申請到一筆經費，雖然數額不多，但足以解我燃眉之急，備感溫馨。尤其是林可勝和王世濬兩位院士都是我們神經科學的老前輩，足以讓我雙魚座的浪漫性格爆發，開始幻想又自我感動地告訴自己絕不可以氣餒，**因為這些老前輩開始闖蕩的時候，也不見得有人為他們帶路！他們不是按路標行走的人，他們是插上路標的人！**此外，我也對英國政府充滿感激。因為這個國家願意把一部分的錢放在我這個微不足道的，連在酒吧都不敢用英文聊天的外國學生身上。我今天若有一些研究上的成果，也是始於這微末，當年能申請到英國海外留學生獎學金。

流浪狗的避風港，書院。

每位牛津大學的學生都會註冊於一家「書院」，而整個大學是由多個書院共同組成。我錄取時被安排在耶穌書院（Jesus College），雖然我從來沒能從這個書院拿到任何獎學金（那競爭極其激烈），但我很感恩有這樣一個優美又典雅的小地方，每當佇足其中，就會讓人有回家的歸屬感。我再窮，可我是有著四百五十年傳承的 Jesus College 中的一分子！

獨立，就是開始挨罵

二〇二三年初，我在LinkedIn注意到牛津大學換校長的新聞。這是繼二〇一六年由Louise Richardson博士出任首位女性校長後，再度由女性學者掌舵，而新的校長就是Irene Tracey博士。

我的媽呀！我的指導教授變成牛津大學校長了！沒錯，就是被我「電」的那位。

這裡先簡單說明一下，英國傳統大學裡有Chancellor與Vice Chancellor兩項職位。由於加上vice開頭會讓人覺得就是副職，所以Chancellor、Vice Chancellor常被以為是指校長與副校長，其實Vice Chancellor是實際執行校務的校長，以中文來看是「執行校長」，有一定任期，而Chancellor這個職務在中文常被翻譯成「校監」，其實意為「名譽校長」，都是由德高望重的知名人士擔任，像牛津大學在我就讀時到現在的名譽校長，都是末代香港總督彭定康爵士。

◆ ◆ ◆

話說連自己指導教授變成校長的這種事，我都搞不清楚，可見我這個不肖子弟，與本門本派有多「脫節」了。但我把這種脫節視為一種榮耀，意味著我在老師眼中已是獨立高飛的研究者，不再是動輒請示宗師、論文一定要請大師掛名的依附者。

台灣學者非常重視「關係」（tie），好像追隨過大師（無論是自家指導教授，或只是花一秒鐘與之合照的大人物），就想一輩子追隨下去。**但我知道我的指導教授們不會想培養出一位學生，只會一天到晚黏在後面當追隨者，她們想的，應該是能培養出一位「獨立的研究者」**。話說我畢業後這麼多年，一直有和 Irene 與 Katja 兩位指導教授保持書面聯繫，但從來沒有想去爭取什麼大合照的機會。我很清楚自己的能力到哪裡。若只是一味想和「師尊」們爭取論文掛名或合照，那我這趟留學就真的是什麼都沒學到了！

什麼是獨立的研究者？我想有一個關鍵就是「有獨立挨罵的能力，還有挨罵後繼續獨立下去」的能力。上面兩句話講得像繞口令一樣，我拿一個念書時的例子來說明。

在我博士念到第二年的時候，終於通過了耽擱甚久的研究倫理審查，準備開始放手大幹一場！於是我和 Katja 教授開始積極地在磁振造影中心掃描收案，一口氣收集了六位受試者，然後滿心得意地開始分析資料。我想 Katja 教授也是滿心期待，因為「憋」了那麼久才開始動工，真的很期待能得到不錯的結果。但第一次分析的結果竟然是一場「完美失敗」：分析結果全都不對勁。

和許多台灣的學生一樣，此時我覺得一定要挨指導教授一場大罵了，只能戒慎恐懼地繼續分析，想快點找出問題徵結，直到已無計可施時，才回頭從研究的程序（protocol）重新查起。這下發現一件驚天大事：原來我一開始掃描的程序就是錯誤的，在掃描時我並未把「模擬掃描」的狀態改回來，應該更正為「正式掃描」。簡單地說，我前面掃描的六位受試者資料，從一開始就是錯的，根本不能用。

◆ ◆ ◆

還記得當我在辦公室和研究夥伴們討論完後，得到這個嚇死人的結論，一臉崩潰地走出辦公室，迎面就撞上 Katja 教授。想當然爾，她一看到我就意識到大事不妙，問我怎麼一臉崩潰得這麼難看？

當我講完來龍去脈後，根本還來不急思考要怎樣道歉（實在是因為英文太差，不知道這種道歉的句型如何使用），Katja 教授就搶先發話了。她的第一個問題是：「現在清楚錯誤在哪裡了？」我說：「是啊，因為"fMRI emulation"那個指令弄錯了，要改回來。」

Katja 教授沒有笑也沒有怒，只是非常正經地跟我說：「喔，那明天實驗前一定要檢查清楚，都改成正確的樣子。」

◆ ◆ ◆

當天下午 Irene 教授也知道這事了。她剛好到辦公室和另一位同事談事情，卻先繞到我的位子前跟我說，Katja 教授已經跟她講過我前面做的資料都是錯的，平白浪費了六位受試者的時間與實驗成本。然後，下一句話跟 Katja 教授相似：「那你知道要怎麼改過來了？」臨走前再補了一句話，大概意思是雖然這是很慘痛的教訓，不過往好的方面想，「Chia-Shu，你以後一定會更注意這種事。」

那還用說！聽到這句簡直讓我頭皮發麻，心想要是我在這個實驗室再發生這種狀況，大概就要被掃地出門了。多年後，我回想這個心驚膽戰的經驗時卻想到，Katja 與 Irene 這兩位教授或許當時並不是那麼生氣。我會這麼說，是因為雖然實驗失敗是很大的損失，但她們身為教育者，看到了教育學生的機會，知道「Chia-Shu 搞了這個大烏龍，但這也是一個他可以學習的機會」。

◆　◆　◆

獨立的研究者面對挫折時，考慮的不該是失敗本身，而是該學習「獨立地」面對失敗。我很清楚這個錯誤是我一人造成的，我就沒必要牽拖是因為太久沒吃到台灣的鹹酥雞，才害我無法集中注意力做實驗（咦）。或許，這兩位指導教授想從這件事教會我的第一件事，就是懂得如何面對挫折，更要儘快釐清責任與問題。一人做事一人當，再糊塗下去只會更糟。

第二件事便是「面對失敗後，再獨立地站起來」。如果是我看錯了掃描的程序，那我是否能改正並確保不會再犯同樣的錯誤？開玩笑地說，如果我真的因為太久沒吃鹹酥雞才失誤

（呃），也要檢討自己該如何儘速獲得其他美食補充。這就是研究者必要的獨立：自己跌到，自己要站起來。

順帶一提，現在許多學術倫理事件都與一件事有關，就是越大規模的研究越是人多手雜，常常到後來搞不清楚什麼部分是誰做的，那些資料是誰生出來的，哪個數據又是誰算的。這或許是一種學術研究的「文明病」吧！太複雜，環節太多。但正因為如此，我們對作者貢獻度與學術榮譽（credit）紀錄也越講究，哪一個環節出問題，那一個環節就要有人出來負責任。

被稱為獨立的研究者，聽起來很風光！但「獨立」就意味著自己要扛起失敗的責任。我常希望從事研究的年輕同學們，儘早明白這個道理。

三

失業菜博士

成為全台灣學歷最高的研究助理

大澍老師小事紀

- 二〇一一年：念完書回台灣，屢投博士後職缺都失敗，開始失業。
- 二〇一一年十二月：在臺北榮總謝仁俊老師實驗室擔任碩士級研究助理。
- 二〇一二至二〇一三年：博士後研究從事有關精神醫學、疼痛醫學與藝術家心智的主題。
- 二〇一三年：發表人生第一篇「第一作者」的研究。
- 二〇一三年：成功申請到國立陽明大學牙醫學系的專任助理教授職缺。自此之後，我再也沒有靠當牙醫師賺錢。
- 二〇一四年：第一次擔任國際牙醫學研究學會（International Association for Dental Research, IADR）的研討會講者，和國外知名學者與院長級的大人物並坐，感覺人生進入最高巔峰狀態，自己無所不能。然後，開始走下坡。

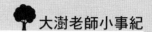

「高年級」研究助理登場

二〇一一年，我完成博士答辯、拿到畢業證書後，回台灣找工作。

以前有學生問：「啊老師你都牛津大學畢業了，這樣不是很厲害嘛，就在外國繼續做研究啊！」我的回答總是直白：「你覺得你拿到牙醫師證書以後，就保證能發大財嗎？」有人畢業兩、三年就成為名醫，也有人當了牙醫十幾年都沒搞頭，我就是啊！

不只當牙醫沒搞頭，我拿了博士畢業證書，做研究也同樣不出色。這是事實。因為我們留學的時候當然都打聽過，怎樣的成果與產出，具有怎樣的競爭力。我知道我周遭其他的同學正在申請劍橋或其他學校或研究單位的博士後職缺，我不知道他們的能力有多出色，但我非常清楚自己完全沒有那種競爭力。先回台灣再說吧！

下一階段的工作？我是很樂觀的。

台灣是世界神經科學研究的重鎮之一，如果能在自己的老家好好做同樣博士後（post-doc）的職缺，一定也可以做出很棒的成果。我就是這麼樂觀！回國後我先後投了幾個博士後工作的申請，包括醫學中心等級的機構，覺得憑著自己的學經歷，應該是很有機會的。

我錯了。

◆ ◆ ◆

撇開那些石沉大海的申請，確實有幾位前輩願意給我機會，讓我能在面談的過程中解釋自己的狀況。我也算後知後覺，一定要前輩們提點以後，才發現真正的問題所在——我在大家眼中，依舊是個牙醫。

諸如「那個，你不是牙醫嗎？怎麼跑去念神經科學？」或者「牙醫？你對神經造影了解多少？（牙醫師應該只會看X光片吧）」等等，都是我經常聽到的問題。當我還心存樂觀時，總會用力地解釋自己的求學志向與歷程，希望說服對方，我不是來亂的。

但石沉大海、愈沉愈深，深到我開始不由得悲觀起來，才終於開始明白，這不是解釋的問題，而是背景的問題。我是一個被定性為「牙醫那邊血統的人」，是那一族的，不是這一族的。我身上的味道聞起來，大概就和神經科學或心理學領域的人不一樣吧！如果照著這個悲觀的邏輯，我想日後想要申請其他博士後職缺恐怕都難。開玩笑地說，搞不好人們總想著：這個林嘉澍會不會來實驗室一邊當博後，一邊慫恿大家去植牙做矯正啊？

◆ ◆ ◆

我記得電影《少林足球》中有個知名的橋段，就是當女主角準備登場擔任守門員時，走到了球門前面，卻發現原來是對手的球門。當時場邊所有觀眾大概都在想「這是哪來的糊塗守門員啊？」更可能質疑「這傢伙真的是守門員嗎，真的懂足球嗎？該不會連選手都不是，根本就是路人甲跑來亂的吧？」

我想到自己當年求職屢屢被拒的時候，恐怕也就是在一些長官們眼中那個「亂入」球場的傢伙心裡想的恐怕是：「您走錯場子了，我們這裡要的是科學家，牙醫師請往那邊走。」

還好，並不是所有人都這樣想。二〇一一年年底，我和臺北榮總謝仁俊老師實驗室聯絡，想了解老師那邊是否還有工作機會。回想當年念完碩士的時候，在老師實驗室有過快樂的研究時光，但學習是一回事，領薪水找工作可又是另外一回事！

◆　◆　◆

博士後是一種研究職缺，必須在一個研究計畫設定經費時就擬出這個職位。所以當然不是說有就有，要先看計畫核定的結果。那天，我回去拜訪謝老師，聽老師提到實驗室累積了很多資料還沒時間整理。我立刻眼睛一亮，這些都是還沒挖掘的寶藏啊！真是搔到我癢處。於是立刻脫口而出：「我可不可以先進來實驗室，我想先幫忙！」心想，就算沒薪水也沒關係。

我當時在牙科診所也有工作，但顯然兩者不能兼顧。我覺得，如果我跟謝老師說，我打算一邊當牙醫賺錢，有空閒時再來實驗室做研究，這樣不僅不尊重研究、不尊重團隊，**也是不尊**

重我自己。因為我就是把做研究這件事當成正職，甚至為了追求這件事耗費了數年的時間——我不是「閒暇之餘來做做研究的牙醫」，我就是一位研究者！只不過是比別人多了牙醫證照，如此而已。

於是，我當下就和老師說：「我先來當實驗室的助理（也就是正式成為編制的一員，按規定參與研究活動）。牙科診所那邊，我就跟老闆說不做了！」我的想法是，只要能成為實驗室的一員就好，重點是要「參與研究活動」，請老師不用在意薪水的事。

非常幸運的是，謝老師自始至終都理解我的想法。直到好多年以後，看到他對人介紹「這位嘉澍喔，他是牙醫但就不愛當牙醫，現在專任在哪裡哪裡做研究」我總是會心一笑，感恩老師的認同，讓我有機會從研究助理開始登入學術研究的道路；知道我在意的根本不是薪水或地位，我在意的是被認同，成為研究團隊的一分子。

◆ ◆ ◆

日本幕府時代有一位圍棋名人「關山仙太夫」，棋力雖高但一輩子只有初段的證書。其中主要的原因是他的身分：他來自武士家族，而「武士道」和「棋士道」是不同的戰場。儘管他熱愛圍棋，但在棋界人士眼中他就是職業武士，業餘棋士。

看似時不我予，但他也有得意之時，就是曾經打敗高段的對手，被公認至少有七段的棋力（當時最高九段）。這種事蹟足夠關山仙太夫得意一輩子了！在他的圍棋人生裡，並沒有因為只有初段證書而自卑，大家也知道那個證書是虛的，他的棋力豈止初段啊！而他打敗眾高手的能力才是實的。**做學術研究和練武或下棋試藝，是非常相似的。我們很重視結果，很在意是否能證明自己，但我們更在意的是，獲得一個證明自己的機會。**

本研究為太陽系首次發表……

我常覺得當年在謝老師的實驗室，有點像是在做某種踏上學術道路的「行前訓練」。謝老師希望博士後研究員能成為獨立的研究者，而他對「獨立」的看法，和過去牛津大學的師長們非常類似。簡單地說就是「你自己好好做吧」，能獨立地做，遠比嘴上說再多來得更重要。

比方每年開始統整科技部計畫時，在許多大實驗室就意味著得不斷開會與討論，努力去造出（cook）一個好的點子。因為身為研究者，我們應該先想自己能做到什麼，而我們能做的事情中，是不是有值得突破的地方？

◆　◆　◆

這個「值得突破的地方」就是我們博士後研究員要詳加考慮之處。畢竟我們的眼界與格局應該比一般在學研究生與醫師更廣，我們讀了更多的研究論文，參加過更多學術討論會議，應該更曉得有哪些尚未突破的議題。講得更直白一點，學者得有一定的「論述」能力，能把一件或許大家沒想到，甚至為不足道的事情，透過作文能力寫成具有吸引力的研究計畫。

「作文能力」真的蠻重要的！話說在台灣，我們從小到大並未真正接受過「學術型作文」的寫作訓練。有人會說那不就是「論說文」？但只要將我們中學課本上那些典範的論說大作，例如我最喜歡的蘇轍〈六國論〉和一篇科技部格式的「專題研究計畫書」兩相對照，就知道這中間的差距有多大了。

不，我不認為我們求學過程中，接受過寫計畫書的訓練。我相信許多年輕學者也是不斷從做中學，有的是靠實作，有的是靠私學，像是多看指導教授與PI（principal investigator，實驗／計畫主持人）的計畫書，而自我成長。

所有研究計畫書都強調一個前提，這個前提太重要了，以至於它甚至可被當成一個計畫通過與否的必要條件，缺了這項，其它部分再美妙也沒用，那就是「創新性」。**創新與新穎不太一樣。沒人提過的東西當然很新，但新東西不見得吸引人。**例如我還沒看過三角形的杯子，不知道用來喝水方不方便，但三角形的杯子會吸引人嗎？這恐怕得打上個大問號。而要「強調」創新這件事難度也頗高，因為你不只是要說出一件以前沒有的事，你還要說出這件事比過去其他事更好、更吸引人之處。

◆ ◆ ◆

回到「作文能力」的訓練，我寫作文有個習慣，就是喜歡強調我們的研究是「國際上首見之……」，這句話寫出來鏗鏘有力，肯定能讓人感覺全世界都追不上台灣！既然國際上還沒有人設計三角形的杯子，那我就來做一個三角形的杯子。不，三角形太簡單了，我該做一個十七邊形的杯子。十七是質數，肯定是世界上沒有其他學者想到的妙點子。

於是，「本計畫為國際首見之……」就成為我研究計畫的必要開場白了，出第一張牌就要石破天驚下足重本。

◆　◆　◆

有一天實驗室的夥伴們又要開會討論計畫，大家七嘴八舌討論的不亦樂乎。但可能因為「本計畫為國際首見之……」這樣的話語太有分量了，突然有同學靈光一閃，想到「為什麼不用本計畫為『太陽系首見之……』來開場呢？」

這可真是一語點醒夢中人！既然太陽系也沒有別的智慧生物能寫出我們這樣的計畫，這當然是太陽系首見的相關研究，邏輯上是完全說得通的！事實上，如果我們再假定銀河系裡沒有其它智慧生物，就算說「本計畫為銀河系首見之……」也不算錯吧？不過這樣就太 over 了。這並不真的是「作文比賽」。

顯然地，假使一篇研究計畫開場就是「本計畫為太陽系首見之……」，恐怕接下來審查委員要詳加調查，這個太陽系獨一無二的研究到底有多了不起。但更深一層的原因是，就算是

「國際首見」又怎樣？這件事有了不起到我們需要刻意強調？

◆ ◆ ◆

好幾年以後，我也參與過不少計畫審查，包括國內與國際學者的外審計畫，偶爾也會看到類似的字眼。但說真的，我會刻意讓自己的腦波不被這些字眼所影響。原因在於如果這真的是國際首見、獨一無二，我們只要看PI文獻回顧做得是否紮實，就看出一二了。有時候「國際首見」四個字背後，其實凸顯出PI疏於文獻搜尋，連最近他國發表的新成果都沒注意到，甚或只是把過去文獻結果東拼西湊，根本沒發現相關議題的癥結早就被其他研究者討論過。再來，就算是國際首見，反而更令人好奇，怎麼到今天才有人想做？

就說我設想的十七邊形杯子吧？也許早就有廠商開發出來了，但乏人問津所以又收起來了。「我沒看到」不代表「人類首見」，反而可能意味著某個難點還沒突破，就算次見、三見、四見，也看不到更多進展。這個國際首見或太陽系首見，雖是氣勢磅礴的作文佳句，但僅僅只是一層「皮」而已。研究計劃書要看的是血肉，比方文獻回顧是否細膩與扎實。假使PI已評價彙整過去研究，一一指出當中的缺失與侷限，然後讓大家明白這次的「首見」會看到什麼我們過去都看不到的，那才是有血有肉！

當年短暫地在陽明生物化學研究所求學，指導教授陳美瑜老師曾說過，有幾分證據說幾分話，講就講自己親眼看到的東西，這一點也沒錯。**我自己第一次想到的 good idea，就算是「我首見」吧！**至於是否為國際首見或宇宙首見，未來撰寫作文的人們，自有定論。

你對腦科學有興趣？

話說有一天，謝老師一如往常到了實驗室，拉把椅子隨意地跟大家聊天。聊起有一位他以前碩士班的學生念完博士，要回來做博士後研究。

「碩士班的學生？」我心裡猜想可能是某科的年輕醫師，學習神經造影以後出國進修，可能是來自神經科或精神科那邊的吧？

謎底揭曉。人家大學是念「新聞系」的！

「啥？新聞系？」我實在太好奇了，怎麼會跑來念腦科學呢？我常自以為牙醫師跑來念腦科學，已經有夠離奇了。新聞系？更是從銀河系的一端跨到另一端的「究極」跨領域典範吧？念新聞系的同學，應該是對人文社會領域比較感興趣，怎麼會對「腦科學」有興趣？不過老師的一句話，馬上讓我轉變了想法。

◆　◆　◆

「嘉澍，」老師表情認真地說：「**對腦科學有興趣，就是對『人』有興趣。**」

這句話鏗鏘有力，突然讓我腦海中「新聞系—人腦研究」跨銀河系的距離，變成了「零距離」。對啊，新聞、社會、人文和腦科學根本是零距離的，因為圍繞的主題都是「人」！

雖然對腦科學而言，尤其對神經造影而言，我們探討的對象是人腦這個器官，但我們想探究的核心問題不是「人腦發生什麼事」，而是「人腦發生的事，與我們人的行為與經驗的關聯」。比方說，有人研究人腦杏仁核（amygdala）與恐懼及侵略行為的關連，有人研究腦功能連結體與智力的關係，在這些例子中，雖然我們研究的對象是杏仁核與腦功能連結體，但思索的議題是「人」，例如恐懼與侵略行為帶給人的生活怎樣的影響？個體間的智力差異，又會有怎樣的影響？換言之，**我們聚焦在這個小小的人腦，其實是放眼於整個大千世界**。

◆ ◆ ◆

好幾年後，我常發現有學生對人腦有興趣，但難以克服不熟悉複雜的神經組織與解剖學的「心理障礙」。牙醫學系學生總開玩笑地說：「老師，我神經解剖只有低飛過關，不要再叫我去背那些神經迴路的名稱了！」

如果非得要學生先重溫二年級的「基礎醫學」課程內容，把神經迴路都背熟以後再來從事人腦研究，恐怕會大大降低他們的學習興趣。坦白說，這樣子連我自己都不太想做研究了。不妨換個開場白來激發動力吧！

「如果研究人腦就是為了瞭解『人』，那同學們對『人』有哪些疑惑與好奇呢？」這個話匣子一打開，就講不完了。我記得曾經有學生聊到想了解怎樣辨認出玩網路遊戲的對方玩家在要詐——是的，這也是腦科學！

事實上，腦科學有趣的地方就在於，它總是以一個定義清楚的簡單命題出發，只要抱持著高度的好奇心，就可以把這個簡單的命題開展到我們的生命經驗中。舉個例子，倫敦大學學院（UCL）的 Semir Zeki 教授是視覺認知領域的先驅者之一，也是做過最早有關視覺相關人腦神經造影研究的專家。他最經典的研究是探討一個人看到靜態與動態的圖片時，人腦活動的差異。比方當畫面黑白格閃定時，我們會產生圖片動態的經驗。這時候視覺區的活動會有那些改變？

這是一個相對單純的研究命題，也是界定清楚且實驗設計控制得宜的腦科學研究。儘管可能會有人覺得，這不過就是研究視覺而已，大概只有神經科醫師或眼科醫師感興趣吧？但 Zeki 教授的想法是，假使人腦活動反映出影像顏色形狀動態這些基本屬性，那更複雜的視覺經驗呢？像是當我們面對「美」的事物時，人腦又是怎樣的活動？

賓果！新的命題冒出來了。

腦科學是否還可以告訴我們「看到美醜不同的東西，人腦活動會有差異」或是「是不是有些人對美醜特別敏感，人腦活動會不一樣」「能否透過人腦活動，去量化一個人的『美』之經驗」？

這裡提出的每一個題目，不僅神經科學家與眼科醫師感興趣，我相信連藝術家、鑑賞家乃至我們每一個人，都會感到好奇而想進一步探索！

更進一步地說，如果人腦的研究完全與「人」隔離開來，是否會失去真正重要的意涵？假使今天我們能透過最精密的儀器掃描人腦極為細部的結構，但卻忽略了人的行為與經驗的差異，那麼這些極為細節的資料，又能告訴我們什麼？

◆ ◆ ◆

再舉個例子，我們猜想人腦皮質厚度與人的運動能力有關，但如果今天評估人腦皮質厚度的研究，僅僅做到分析皮質厚度，卻沒找出方法評估一個人的運動能力，那這個研究還是僅做了一半。**去關切人們實際在生活中的表現，其實是非常關鍵的。**往後，我曾有幾次機會在科普書裡提到這個概念：許多「科學性」的活動，牽涉複雜的計算與測量，也因此讓人以為凡是牽涉巨量的計算與測量，就是很「科學」、很厲害的東西。

例如磁振造影研究在工程與營運上的複雜度，自然遠比一台小學生使用的光學顯微鏡高出許多。但並不代表使用磁振造影做出來的研究，就比小學生用顯微鏡觀察的要來得更重要、更偉大。事實上，無論千萬等級的神經造影或是小朋友的顯微鏡，都只是一種觀察工具，只是科學方法的一環。真正的關鍵是我們所有的觀察與測量，是否圍繞著一顆探索的好奇心。在這個科學研究不斷競逐巨額經費與宏大規模的年代，「人」的位置究竟在哪裡？

我相信這話就算反過來講也成理：**如果你對「人」有興趣，也許你就對腦科學有興趣！**

這樣做就對了！

我發現，前面講的一些事似乎太多辛酸或無奈，但事實並非如此。回想我的人生中，當然也存在一些「風光」的時刻。底下就來分享一下，免得日後讓人以為，大尉老師是不是總是心存不滿，凡事只往壞的方面看。

首先，「心存不滿，凡事只往壞的方面看」，往往正是感覺良好的前奏！話說在我博士後研究的同時，一直沒有放棄在國內尋找教職的機會，但自從有了申請博士後職缺的慘痛經驗後，我越來越往壞的方向看了。我知道自己這種半路出家的「跨領域」畢業生，是不可能和血統純正的龍傲天們並列。神經科學領域不會對拿鑽牙機出身的我感興趣，生物資訊領域也不會信任我這個年過三十才開始寫程式的老人。我的問題就是：演什麼，不像什麼。

謝天謝地，還是有一群願意理解我的人。讓我受寵若驚的是，那恰巧來自我的老家，牙醫學系的師長們。只是我心中總有小聲音：他們真的懂我在做什麼嗎？

二〇一三年，當時陽明大學牙醫學院院長是李士元老師，系主任是許明倫老師，他們總是和氣地跟我說：「嘉澍念完書回來囉？來聊聊啊！」但我敢打包票，他們到現在還是不太明白我出國留學到底做了什麼。可是讓我最感恩的是，這些「老」老師們，即使在我大學時代就對我的牙科作業猛搖頭，仍然願意耐心聆聽。

◆ ◆ ◆

就拿李士元老師來說吧，我看到他時總是存在一種敬畏。不過，我的敬畏不是那種「這個人是院長喔！如果想獲得教職的話，我不能得罪他」的敬畏。我的敬畏來自於好像又看到了「大師兄」，那個當年罵我們做作業不專心的、兇巴巴的老師。還記得那天，我跟老師談了大半天我在國外的研究進展，包括只能可憐兮兮擔任一些第二作者的研究發表，根本還看不出獨當一面的研究能力。

李老師說：「這樣你的努力還要加強！因為我們都知道，在台灣學術界要生存，就是要有成果發表，而發表成果不是用說的，是要用做的。」真的是「大師兄」的口吻！

我捫心自問，我能「做」出什麼實質的成果？能展現這樣的能力嗎？難道沒有成果就沒有能力？假使不去細究這個問題在邏輯層面的意涵，我想它基本上是對的，確實反映出研究圈對年輕人才的評估準則。

大師兄對小師弟講話是毋需掩飾的，因為只有這樣，才能毫無保留地去引導，啟發晚輩。

◆ ◆ ◆

二〇一二年，我一邊在謝仁俊老師的實驗室進行研究，一邊開始寫paper，特別是當年念完碩士以後，在謝老師這邊進行的研究成果。就客觀條件來說，沒什麼比這個時機更好的了，因為昔日夥伴都還在團隊中，謝老師也支持我將成果整理發表。但所有做研究的人都知道，要把結果彙整成一篇可以發表的論文，需要的還是一種「核心動力」。有的人閉關一星期就可以寫出一篇論文，但也有十幾個人開了十幾次會，連研究背景都搞不定。對我而言，這個核心動力就是：**我不能僅僅是「說」給人聽，更要清楚自己想做什麼研究。我要「做」出成果，一紙勝萬語。**

大學老師都在忙著發表論文？

這是一個敏感的話題。幾乎每位有志從事學術與教學的年輕人，都在擔心自己的論文不夠好，著作發表不夠，無法在這個追逐各項指標，否則就得 perish（「Publish or Perish」意指學術研究必須要有正式著作發表，否則就是毫無貢獻）的世界中生存。我也是過來人，曾埋怨這樣的生態，難道僅僅因為我沒有發過怎樣頂級的論文，我就注定是比較「差」的研究者？而這樣的心態很可能將年輕學者推向另一個極端：管他什麼論文發表？那通通都是桎梏人心的緊箍咒，因此乾脆無視任何形式的發表，不願意與公眾分享成果。持平地說，「發表」本來就是研究者的基本功，除非我們認為自己的研究通達天地至理，無須為外人理解。不然，研究的目標就是溝通，將道理與證據講明白、說清楚，本就是理所當然的。難道因為怕被人看破手腳，不敢講出來讓大家知道嗎？而今天發表論文這件事之所以讓大家感到痛苦，原因在於我們對於學術溝通與發表的定義過於狹隘，變成「非得要 impact factor 幾分以上期刊，才算是發表」。這就違背了做研究探索真理的本意，許多的溝通與發表很可能是透過教學、推廣教育甚至科普活動的形式來進行。一篇好的研究能發揮影響力，並不是只侷限在印刷精美的期刊裡。

很幸運地，在二〇一二年年底，我們第一篇有關牙痛與焦慮恐懼的腦神經機制研究在 *Journal of Dental Research*（JDR）發表，那可是歷年牙科期刊中排名最高的一本！這件事當然讓我相當高興，但真正讓我飄飄然的，是那天我回到陽明牙醫學系館，剛好遇到李士元老師。

當時我看到老師正坐在堆滿文件的研究室裡，便站在門口向他報告，我有照他的建議，認真地把成果彙整發表，已經被 JDR 接受了。我說到做到了。

李老師也沒特別興奮，只是很平穩地說：「你這樣做就對了！」

沒有什麼頒獎儀式或長官嘉勉，也沒有什麼大合照或媒體強力放送。那天我站在李老師研究室門口，聽到大師兄的那句話，才是我人生中最感到風光無比的一刻。我覺得很開心，因為這句話來自大師兄，那才是我特別在乎的。

我們二〇一三年這一梯

我當過兵。雖然當兵的故事不是本書要談的，但我想服役過的義務役男士們可能會同意，營裡和營外雖然是兩個世界，但有其共同處。比方，「同梯」兩字在軍隊裡，意味著同時入伍受訓，大家一樣菜；在職場上依每人不同的入職時間，也會分出輩分高低，也有「同梯」或「前輩」的說法。反正適用於人際關係的一些狀況，不管到哪裡都一樣吧！

學校也是一樣。學生之間會分學長、學弟，學姊、學妹，老師其實也是。當「入伍」成為新進教師的時候，我想大部分年輕老師也有自覺，自己是校園裡比較資淺的一員。這時候，有「過來人」幫忙加油打氣是非常重要的。就好像當兵時看到快退伍的老鳥，心裡會踏實些（總有一天我也能等到退伍）。二〇一三年，我在這所大學入伍時，就有一位老鳥幫我們打氣，那就是梁賡義校長。

◆ ◆ ◆

梁校長在陽明那幾年常做一件事，就是請老師、學生去他家裡聊天。我記得那個活動就叫做「與校長有約」。因為梁校長住的宿舍在校園裡，大家本來就常常在他家後院那條路進出，校內的西餐廳也在他家對面。

補充一下，學校當然有正式的「新進教師研習」相關活動，我還非常戒慎恐懼地參加講習，原因是那場研習講解了不少遊戲規則，光聽完主計室的報帳流程就讓我快昏頭了。當然，這類研習絕對是必須的，因為總有些規則要先講清楚說明白，就像剛進部隊的菜鳥，白線紅線在哪裡，一定要懂。

但我有種感覺，就是身為校長這個角色，要做的不單純是設定白線紅線（規則典章就交給各處室人員說明講解），而是要成為教師的帶領者。**拿開火車來說，校長的角色不只是制定交通規則，而是要督促大家啟動，發車！**

◆ ◆ ◆

梁校長幫助我們這屆新進年輕教師「發車」的方式，可能是最務實的一種，就是請大家吃飯。那天大約有十幾位老師在校內的布查西餐廳享用美食，座位是事先排定的，除了校長之外，還有幾位行政長官參加，不過校長是相當周到的主人，流暢掌控場面的氣氛，讓年輕老師們覺得自己是主角（不是來陪校長吃飯，而是校長來和大家一起吃飯）。那次餐會裡，梁校長多半都在聽大家的想法，只有偶爾談到自己，而且聚焦在他聽西洋老歌的興趣！他並不像一位前輩大人物，反覆強調自己學術上的成就，相反地，我覺得他更想聽年輕老師自己的故事。

這種場面當然會有自我介紹。**我雖然忘了當時介紹自己的細節，但印象中，我在態度上是比較低調甚至有點自卑的。**原因是我知道陽明大學聘任的新進教師，都是台灣甚至是世界上有頂尖研究成果的學人，而我只不過是一個連留學獎學金都拿不到，連博士後工作都找不到的小人物，所以看到其他「同梯」的老師們高談自己的研究理念或教學方向，或甚至現場就談起進一步的合作與團隊計畫……我覺得自己跟大家格格不入，應該沒什麼資格和大家同桌。

不過很有趣的是，當大家知道我是牙醫師（正確地說是有牙醫師證書，還有好幾年臨床開業的經歷），似乎對我有了另一種眼光與態度。這麼說吧，我感覺同梯們心裡想的是：「這位林老師雖然不算很出色，但為了跑到牙醫學系當老師，竟然連牙醫也不當了！」若我說得更露骨一點，他們或許詫異的是：「這位林老師是怎樣啊？和薪水過不去吼？」

◆　◆　◆

一直到很多年後的今天，還是有人在問我這個問題。大部分的人會以為我是不是在哪個醫院當主治醫師，或是在外面看診賺錢，但當我正經地把老師的薪資結構說明清楚以後，絕大部分的反應都是「吃驚」，我最常聽到的就是「你怎麼放棄牙醫的薪水，跑來當老師？」語氣中充滿不可思議。

我想，這裡有兩個誤解。第一個是誤解牙醫師的薪資水準。不過我遠離臨床開業場域好幾年了，就沒資格說太多。另一個大誤解是我根本沒有「放棄」當牙醫賺錢啊！「因為我根本就沒打算當牙醫賺錢啊！」當我們說「放棄」某個目標，其實是交換代價，擱置原本設定的航向而改道。**但對我而言，我原本的航道就是當老師做研究，所以完全沒有放棄的問題，也根本不是「轉換跑道」**。我記得曾經對某位同梯老師說，如果我沒回來學校，而跑去當牙科診所的老闆，那才是轉換跑道哩！

◆ ◆ ◆

話說那年與校長一聚後，第二次與校長同桌，是好幾年後參加臺北榮總高齡醫學中心與日本國立長壽醫療研究中心的研討會，場景轉換到日本某飯店。雖然那天沒有機會和梁校長多聊，但我心裡有個調皮的想法，想試探一下校長的記性：「您還記得當年那個沒有繼續當牙醫賺錢、跑來學校的年輕教師嗎？他在點餐的時候聽了您的推薦，點了一盤櫻桃鴨。」

當年的那位菜鳥，依然還在領著部定教師的薪水，還沒退伍哩！

你打算怎樣修這「牙醫道」

跟許多六年級生一樣，我小時候是看香港的神怪電影長大的，對於那種道長收妖的劇情也很感興趣。初看港片名作《倩女幽魂》就深深被道術高超的俠士燕赤霞所吸引。當年燕赤霞是由演員午馬扮演，在電影裡的造型裝扮頗為邋遢，我想要是換作現在的偶像劇，玄妙道術一定要配上仙俠級的帥氣才夠看。但燕赤霞這個角色設定剛好相反，就是個「醜」道士！

很多年後我才明白，電影中燕赤霞這個角色塑造得絕妙！正因為這角色「醜」，所以他乾脆就潛心修道。**在牙醫這條修行路上，我好像也有這樣的體會，正因為我這個不行那個不行，所以，我只能專心做一件事。**

◆ ◆ ◆

我們念醫牙領域的學生應該不會特別嚮往成為法術高深的道士吧？但不免會嚮往成為技術精湛的名醫！當年我拿到博士學位回台灣，有幸參加「中華牙醫學會」的活動，報告有關疼痛的神經科學研究，在會中遇到兩位台灣口腔顏面疼痛領域的專家名醫。我萬萬沒想到自己這個只會念 paper（紙上談兵）、根本沒有診治疑難雜症經驗的菜鳥，就被兩位前輩拉著，在會場某處 café 聊了起來。前輩除了關心我的研究領域，也聊著研究與臨床實務方面的距離。

當下我真的非常緊張，感覺就像是一場突襲考試。我猜兩位前輩可能想考核一下，「你林嘉澍也是研究口腔顏面疼痛啊？那你的火候到什麼地步呢？」「你對各種疾病的臨床方針與治療哲學又是什麼？」我深怕萬一應答得不好，我這點紙上談兵的東西，馬上就要被臨床專家看破手腳了！

◆ ◆ ◆

而當我返回母校任教，更是萬萬沒想到第一個參加的牙醫界學會，就是專精於口腔顏面疼痛的台灣顱顎障礙症學會。那時候在系主任許明倫老師的介紹下，我竟然也能與好幾位口腔顏面疼痛專家成為同一個學會的成員！直到今天，我總把顱顎障礙症學會視為我的「母會」，我非常感恩，不僅因為那是我在牙醫界一開始參加的學會，更是一開始就願意接納我的學會。

幾年後，有次在我參與學會的學術活動裡，被安排上台演講報告，遇到了創會的老前輩時，就像是少林派小和尚突然遇到方丈大師本人一樣，還多了一種戒慎緊張！因為在學會的眾多專家醫師中，應該就屬我沒有實際臨床診治的經驗，唯恐上台不到三分鐘就會被噓下台。沒想到老前輩不但沒有點破我臨床能力如何匱乏，反倒細聲地鼓勵，說我對基礎研究有興趣，就專心一致，期許我好好研究出成果。

我突然明白一個道理，師長前輩們並不介意**「你怎麼只會搞這個，其他都不會啊？」**他們想提點我的是，**「如果你只能專心做一件事，就把那件事用心做好！」**大家都知道我臨床能力不夠，不是個好牙醫，但正因如此，我更應該加把勁，把研究工作做好！

◆　◆　◆

很多年以後，我和學生說，有比較雖然有傷害，但往往透過比較，我們會更認清自己的方向。我如果要在臨床方面有所精進，想登上學術高塔成為像幾位前輩那樣的大師，這輩子恐怕沒太大希望。甚至我覺得假使我今天開業看診，每天周旋於病患與粉絲之間，憑我微薄的能力，就算能勉強應付，也不可能再有餘力去做教學研究的工作了。

我很慶幸，自己是像燕赤霞一樣的「醜道士」！燕赤霞因為相貌的緣故，沒機會當個萬人迷的風流書生，那就乾脆潛心修道。如果今天他是仙俠般地帥氣，琴棋書畫無所不通，會不會事業越來越大，每天忙著幫粉絲簽名，反倒沒有時間修練道術？而我也正因為欠缺臨床看診的能力，肯定無法成為造福大眾的名醫。所以，我只好自己安靜地做教學研究工作。

退一步來看，其實這個「醜」，不是真的外型面貌的醜，甚至不應該用負面的態度去思考。這個「醜」有點像是比較利益，明白自己能力在某方面有所侷限，才懂得更適性適才地發揮。我很幸運自己在「修道」之初，就獲得這樣的啟發與提攜。如果有一天我也有能力提攜後輩，我會說，不要去計較自己為何無法面面俱到，總想在每個戰場都獲得全勝。一個人若能承認自己的長處與短處，只在一處戰場專心經營，也是一種修道的方式。

就從這裡開戰吧！

“We'll start the war from right here.” 這是著名的戰爭電影《最長的一日》（*The Longest Day*）中的一句台詞。話說一九四四年六月六日諾曼地登陸當天，美國小羅斯福將軍率部登上灘頭，上岸了大夥才愕然發現，運輸船竟然把他們全送錯了位置！啥？連戰場都走錯了，那還打什麼仗？

但將軍並沒有驚慌或氣餒，他環顧四周，然後說：“We'll start the war from right here.” 我愛死這句話了，不僅僅因為這句話有幾分豪氣，也有幾分莽撞，更因為那種氣勢就像「我才不管眼前狀況有多不利！老子可等不及要開打了！」

◆ ◆ ◆

當我剛到牙醫學系擔任助理教授時，被分配到和老友林元敏（他早我數年回到學校任教）合用一間研究室。我可以理解老友需要花些時間才能整理出裝下另一個人的空間，所以一開始，我先在他的實驗室裡面找個位子坐，算是我「從這裡開戰」的第一個據點。不久後才正式入侵他的地盤，共享半間研究室。我的第一個科技部計畫也是在這裡完成，第一個研究也是在這裡完成的。那是一個問卷研究，我一天到晚就把人拉到研究室來填問卷。感謝元敏老友從來沒有抱怨，我只要特別注意，千萬不要踩壞他的吉他就好。

大約過了半年，系上終於有新的空間可以讓我當研究室，那原本是電氣機房，在系館最底端的小空間。好，就從那裡開戰吧！那時候我已經開始執行了第一個科技部計畫，只是還沒有研究生。但這有什麼好怕的？我已經有自己的基地了哦！

大學老師的愛與恨：「專題研究計畫」

一般民眾常以為大學老師進行「研究工作」是理所當然的事，畢竟是大學嘛，一定有什麼高深的學問值得研究。但「進行研究」本身卻非理所當然，因為研究工作就像所有業務一樣，需要資源挹注。在台灣，大學老師經常想到的第一個經費來源，就是科技部（現為國科會），而誰能獲得經費來進行研究，要看我們各自提出的專題研究計畫內容。這些計畫提出以後，須經過至少兩階段的審查，由相關領域的專家評估研究議題的創新性與可執行性等，以把關經費的分配。這樣的經費分配機制，和國際上政府補助研究經費的機制相仿。不過天下沒有完美的方法，我們總能找到讓自己感到憂心又無奈的困境。例如，資深學者本來就有人、有錢，對計畫的執行力道當然更強，在強者更強的態勢下，初出茅廬的年輕學者想拿到充足資源的壓力就更大。再者，冷門或跨領域的研究議題，原本就少有學者涉獵，若想要通過審核，遠不如一些普遍熱門的議題容易。

◆ ◆ ◆

當然，以現在的標準來看，可能會有人疑問怎麼沒有給新進老師研究空間，怎麼是從 lab 桌旁流浪、只能和別人分半間研究室，還得去占據機房（感覺像是電磁波蠻強的地方）才能建立山寨大本營？想著想著，我都不免覺得自己快變成「流寇」，在系館裡「打游擊戰」。但轉個念頭，這樣講好像也沒錯，因為我的研究要使用磁振造影（MRI）核心實驗室，所以大部分時候都是在陽明校園山下的 MRI 實驗室進行。上課的話有時會待在山上的牙醫館，後來也會去圖資大樓的腦科學研究所（因為我是該所合聘教師），**所以我不僅在牙醫學院內四處流竄，我根本是在陽明校園內竄來竄去，打游擊戰！**

這些年我有時會和一些國外學者聊起各大學新聘人員的標準與待遇，逐漸形成一種想法：學校或研究機構有兩種徵才模式，第一種是告訴求職者，我們（校方）有多棒有多好，然後要求你（求職者）的資格，「你夠好嗎？」「夠資格進來我們這邊嗎？」我相信有很多頂尖機構是抱著這樣的態度來選才。當我去應徵國外其他牙醫學院教職時，也會面對這樣的評估態度。許多頂尖機構會竭盡心力向外界展現自己有多卓越，然後問：「你也想加入我們？」「你以為你夠優秀？」

第二種模式我稱之是「適應性」模式。那就是讓新進人員知道：你現在是加入了我們，但是你能適應，能撐下去嗎？拿我的例子來說，一開始沒錢沒人沒地，後來到處流竄爭地，自己想辦法弄錢（計畫），有錢沒地就想辦法找人，找到地了，有些錢了，但沒人，那便再想辦法自己適應。多年下來乾脆成立了「三無堂」，當個沒學生沒人脈的邊緣PI，我也適應了如何一個人PI兼撞鐘。

在適應的過程中，我們當然有理由退出。因為長官已經明白告訴我們了：**我們或許不是頂尖學院，不能給大家更多期待。但你作為年輕研究者，是否願意改變自己，來適應這個（或許不完美）環境？**我想我不是例外，因為這或許是在台灣的年輕學者都需要面對的問題。

就從這裡開戰吧！

上圖是我在國立陽明大學分配到的第一個獨立研究室，就是這個位在安全門旁邊的小空間。我一直搞不懂裡面到底藏有那些電氣設備，但至少沒看到奇怪的電磁波直接跑出來電人。待在這裡的好處是，如果有人要來找我，我就跟對方說沿走廊直接走到最底就好。不過我也沒有訪客就是了。下圖是在英國念博士班時，我打仗的座位。

哪有教授自己來發傳單的！

有人戲稱（或也帶些貶義）「教授」即「叫獸」，反正就是高高在上，只管出一張嘴叫來喚去，流汗的工作就讓學生和助理去做。我無從考證這種說法的由來，但深深不以為然。教授和學生都是人，怎麼會變成怪獸（monster）？更重要的是：我們是「做」學問的人（do research），學問是「做」（而非「叫」）出來的。這個觀念對大學的新進研究者而言，是特別重要的。

我申請的第一個科技部計畫是新進人員計畫，但因為擔心自己沒有能力順利地執行，當時只申請了一年期，然後才發現這計畫根本沒法編列人事經費去聘任助理。更可悲的是，從那時起到現在，還沒有全職（full-time）的研究生拜入我的門下。

所以打從一開始，我這個「叫獸」就只能叫得動一個人——林嘉澍自己。

◆ ◆ ◆

好吧。一個人就一個人吧！只是，八爪章魚難為。

我的研究屬於人體研究，也就是需要招募自願研究受試者。想要有人自願參與研究，前提是先要讓潛在的受試者知道有關研究的基本訊息，能夠明白研究的風險權益，這些都需要接受學校的「人體試驗委員會」等相關單位（本校負責管理的主要單位為「人體與行為研究倫理治理中心」）的嚴密監管。在正式招募受試者前需要花很多時間準備資料，確認我們傳達的訊息是符合研究倫理原則。

不過在實務層面，真正的關鍵是：在準備了這麼多資料，乃至於將其呈現在「招募受試者參與研究」的宣傳單張後，要如何被潛在的受試者看見？通常我們會在大學校園裡張貼招募受試者的宣傳海報，如果有學生或民眾看到海報後，對該研究有初步認識與參與意願，可以進一步與研究人員聯繫，討論是否適合參與研究。不過，這樣的觸及面向太小了，畢竟只有來到大學校園裡的人，才會看到宣傳海報。我覺得更積極的做法是「主動出擊」，到鄰近社區去發傳單，才能讓更多民眾知道我們的研究活動。**是的，發傳單也是「做」學術研究的一部分。**

◆ ◆ ◆

因此，基於這樣的想法，我決定來聯繫學校附近鄰里的村里長，或許可以在社區活動中心舉辦說明活動，好直接與當地的中高齡長輩接觸。因為我的研究長期以來聚焦在中高齡長輩的口腔功能，如果能夠讓研究相關資訊確實「打入」長輩的生活圈，應該對於招募受試者很有幫助。

記得我還是助理教授時，進行第一個中高齡長輩的研究，身為一人研究室的唯一大將，一想到可以直接對鄰里招募受試者，便迫不急待地打了好幾通電話到學校附近的里長辦公室，很幸運地，里長們都很願意幫忙。七、八月的暑假，我一個人的背包裡塞滿招募受試者的宣傳單張，跑了四、五個里長辦公室，拜託大家協助散發傳單。因為沒有研究助理，又連一個研究生都沒有，萬事自己來。

有一天早上，我撥通了某位里長的電話，電話那頭的他聽起來是一位性格豪邁的長輩，他一聽到是陽明大學的老師有研究需要協助，二話不說爽快答應！我也立刻動身，趕在中午以前到里長辦公室，把這些宣傳單張交到他們手上。當我頭頂著大太陽，滿身臭汗，終於走到該里的辦公室時：

「咦，你是拿那個研究傳單來的嗎？你是不是林老師那邊的？」

「對對！」（點頭時，汗水順著額前不斷滴下來）

「里長好，我就是林老師，我拿了研究的傳單……」

我還沒解釋完，里長伯就滿臉疑惑，似乎好像「看穿」了我的「冒牌身分」說：「你是教授吼？」

「哪有教授自己來發傳單的！」

◆　◆　◆

不過，當下的我不但沒有覺得被冒犯，反而產生一種奇妙的榮譽感：「沒錯，我就是那個小兵兼將軍。」**我是一人實驗室的老師，也是小弟！反正兩份工作都我一個人扛。**我想起拿破崙曾說，自己一生最榮耀的身分，是被士兵稱為「小伍長」。如果一位學者或教授，被人認為是親力親為，手口並用，我覺得這是一種榮譽。

當然，也許旁觀者會覺得這其實蠻丟臉的！大澍老師被認為是小弟或學生，因為一臉就是「菜」，根本沒有教授該有的氣勢！

這話也許適用於當年，畢竟後來我有了經費，請到了研究助理，發傳單貼文宣這些事，也就漸漸讓助理代勞了。但如果說站在實驗室第一線做研究，我恐怕依然是陽明交通大學的異數。就拿我們用核磁共振做神經造影實驗來說吧，**我很自豪地說，我可能是本校唯一一位，十年來每次人體試驗都親自在場監督、親自解說並完成研究。**這都是有紀錄的。儘管絕大多數類似的實驗室都是由助理或學生與受試者接觸並實際執行研究。且我相信，那對教授而言是更有效率的一種研究模式，只是那種戰鬥方式不是我的 style。**我就是覺得，親自站在第一線面對受試者，就像是將軍站在前線一樣，應該是一種榮譽。**

◆ ◆ ◆

當然，我說這是一種「榮譽」可能過於煽情。因為從理性的角度來看，研究應該充分掌握資源與時間分配，教授身為計畫主持人，應該花更多時間在幕後帷幄運籌，怎麼是自己扛起槍，衝第一線？但這或許和我們如何看待「身為學者」的觀念有關。我常說我自己雖然身處二十一世紀，但骨子裡嚮往的學術研究卻是十九世紀的樣貌。我嚮往的是能像達爾文，親身遊歷去探查世界；嚮往的是像神經醫學家 Henry Head，為了探索真理甚至自己「對自己」動手實驗！在我心目中，自己跑去發傳單和親自參與每一場研究，本來就是學者要做的事，學者就該是親力親為的探險者。

我很清楚這樣的觀念與現今高教研究的環境格格不入。**在這個年代，學者的角色慢慢與企業家或執行長靠攏。大教授要懂得組織管理，像一位高效的執行長一樣帶領團隊。**「自己跑去發傳單」大概是最低效的一種行為了。我很清楚自己不是當執行長的料，也正因為如此，當小弟或當小兵都好，我樂在其中！

四

一人實驗室

完全沒有學生出席的第一堂課

- 二〇一三年：開始在陽明大學牙醫學系任教，第一堂課是「口腔顏面疼痛」，完全沒有學生來上課。
- 二〇一五年：在韓國舉辦的亞洲顱顎障礙症學會的學術研討年會拿到有生第一次海報貼示獎，獲大師親筆簽名課本一冊。同年，長期熬夜後，因肺炎嚴重住院一週。還是同一年，開始執行第一個科技部多年期計畫，一人實驗室成形！
- 連續三年沒有收到全職研究生，二〇一六年升等（空殼）副教授。
- 二〇一七年：終於結束長時間通勤，在學校宿舍繼續擔任無（房）產階級專任教師。

第一堂課就失敗

我在牙醫學系開的第一堂課是「口腔顏面疼痛」。會開這門課的原因之一，是因為當時的台灣沒有類似課程，但這在國外許多牙醫學院是很重要的一門課，所以我抱著「台灣不能缺席」這樣的使命感開課，而且「捨我其誰」。我心裡盤算著，我開的這門課一定是石破天驚，大家肯定都很期盼，而且「上課的老師是林嘉澍本人哩！研究疼痛科學的專家吔！」我能在牙醫學系開這門課，「根本就是萬中選一，找不到更好的老師了！」

心裡雖自信滿滿，但我也沒被中二病沖昏頭。因為我明白自己是牙醫學系的新進老師，學生應該還不認識我是誰，因此請系辦幫忙，先發了一封群組 email 給所有當學期選修課程的研究所新生，介紹我自己，和我的課程：

各位碩博士班同學大家好：

我是本年度牙醫學系新進專任助理教授林嘉澍，很高興往後能與你們一起學習、成長。我的臨床與研究興趣是從神經科學（特別是人腦功能層面）探討疼痛。我本身是牙醫師（陽明牙醫八十九年畢業班），並接受疼痛科學相關的訓練（牛津大學麻醉學哲學博士），因此我特別期待能與大家分享有關口腔顏面疼痛（orofacial pain）的神經科學機制與臨床應用的種種知識。

我今年開設了兩門關於這個主題的課程，假使您有興趣，非常歡迎來選修。分別是：

（以下課程介紹略）

這樣謙虛又正式地把自己介紹出去，再加上這門課完全就是把我過去幾年研究的心得全部搬出來，含金量極高。我非常相信學生肯定驚喜、期待學習這些他們從來沒聽過的東西！

「口腔顏面疼痛」是什麼？教什麼？

通常民眾去找牙醫，第一個想到的可能就是牙痛的問題。畢竟牙齒是我們吃飯的傢伙，牙痛會影響進食，痛到不行時甚至無法專心開車或睡覺。但牙醫師並非只是「看牙齒的專家」，我們牙醫師的

「地盤」包括整個口腔，甚至口腔外部（例如顏面與下巴）與咀嚼吞嚥有關的系統。

因此，「口腔顏面疼痛」指的不只是牙痛，如顳顎關節與下巴活動有關，一些民眾嘴巴無法張大，感到關節疼痛或是咀嚼時肌肉痠痛，都可能與「口腔顏面疼痛」有關。常有學生以為「口腔顏面疼痛」這門課是不是就是在教如何開藥、打針？也不完全正確，因為這門課要教的是更重要、更根本的議題。我們必須先瞭解，如果要治療疼痛，就必須對如何診斷、分類各種疼痛的病徵與機制有初步的了解，因為口腔顏面疼痛有各種典型與非典型的狀況，個體差異極大（每位病人的疼痛經驗可能都不同），學生如果不懂得如何評估病患的問題，不明白各種疾病的分類標準與相關機制，又怎能對症下藥？民眾或許以為在醫學院裡，學生就是練習某種治療技術，好像修煉獨門武功一樣，但更基本的是要學習「如何評估與做出正確的診斷」。因為每位病人的問題都不同，診治口腔顏面疼痛尤是如此。

◆　◆　◆

第一堂課上課那天，我起了個特早，從永和住家直奔學校，再以飛快腳程抵達牙醫學系館教室，那是位在系館一樓的一間小教室，旁邊就是垃圾桶與庫房。儘管，在上課前我已經透過學校教學系統得知，這門課今天只有一位同學選修，而且那位同學因為醫院剛好要看診（我們研究所的學生，有許多已是醫師，必須同時兼顧工作與學業），第一次上課就沒辦法到。

看著空無一人的教室，我充滿自信地想「沒關係，等等會有其他同學來的。」反正才剛打上課鐘，我先把投影機和電腦準備好，學生只是晚一點到，等他們到了，我隨時都可以開始講！我在家裡已反覆備好上課內容了，就算只給我一個小時，我也可以流利地上完課。

時間真的是滴滴答答的過去，就這樣過了半小時，我覺得自己耳邊都是時鐘的滴答聲了，只是……教室內依舊空盪盪地，一個人也沒有。我開始想，也許是學生不清楚這門課的上課時間，可能沒想到有老師會開早八的課；要不就是這間教室很難找？誰會想到教室會在垃圾桶旁邊的那間？我再等等。

那天的時間似乎過的特別慢，時空像凍結了一樣。我面對著空無一人的教室，直到第一節課的下課鐘響起。我必須承認，今天不會有學生來上課了。因為我已經在這裡等了一個小時，沒有人出席。

此時，我還是在想，可能是因為大家可能還不太清楚這門課在教什麼吧？也可能是雖然我做了宣傳，但學生選課計畫早已經定了，沒時間再來修這門課。因為研究生大多會選修自家指導教授開的課，除非非常上進積極，不然光應付自家的課就累了，誰還想去多念什麼啊？不過，在這些想法之外，還是冒出了不悅的猜想：學生當然知道今年有開這堂課，但他們根本不重視，什麼「口腔顏面疼痛」？學了又不會發財，誰會想來念呢？

壞念頭一出來就接二連三，開始敲擊我的自尊，我開始想像學生的想法或許是「『口腔顏面疼痛』好像滿重要的，抽空去聽聽看也無妨。但，那個授課老師叫什麼林嘉澍的，算哪根蔥啊？根本沒聽過的無名小卒，他懂嗎？」

◆ ◆ ◆

當我腦中掙扎在這些（不悅與更不悅）的念頭，決定不如收拾東西，打道回研究室。然後，壞念頭一發不可收拾。「我也很忙啊！如果學生覺得時間衝突無法來上課，我也是忙得不可開交，不可能坐在這裡等人。」「如果大家覺得我這門課無足輕重，那我也懶得『拿熱臉貼人冷屁股』，還不如回辦公室弄論文搞升等。」

但，就在這時候，突然有一個微小聲音在腦海中跳出來。我不確定那是否是一種「理智之聲」，明明我的理性告訴我，繼續待在教室等學生是最沒效率的一件事，可是我可以感受到那個呼喚，就是——你是老師，教室裡不能沒有老師。

教室裡可以沒有學生，但不能沒有老師。學生可以放棄上課，但我是老師，我不放棄這門課。我不能放棄我自己。

走了這麼遠的路，流浪了這麼多年，憑著心中那種「有一天我會是老師，超棒的」這樣的願景在燃燒自己的小宇宙，終於走到了今天這一刻，難道我要放棄？如果真的要講效率，那我現在應該把牙醫師證書捧得高高的，趕快回去診所幫人洗牙，才有效率吧！

這心底的呼喊聲音愈來愈強烈，強烈到讓我無法起身離開教室。至少在我「老師人生」的第一堂課，我沒辦法離開。「沒有學生沒關係，但我身為老師不能離開！我離開，這門課就完了。」這樣的想法支持我坐到最後一刻，直到第三次鐘聲響起。我很確定，這門課可能真的沒人選修，除了那位原本有興趣，但時間喬不攏的學生。

很慶幸地是，後來我配合那位學生改了上課時間，我們師生兩人就老老實實地上完了一整學期的課。

也許說來有點阿Q精神，那就是從此以後我非常習慣「門庭空蕩」的氛圍。台下坐三個人或一個人，我都可以上課上得非常開心！如果台下沒有人，我也證明了0與1是沒有差別的。

「只要我沒有離開，這門課就繼續在燃燒！」這想法實在是有夠阿Q的，但我站在講台前，不就是為了這個嗎？

人生最高端就是現在

以前大學聯考時代，家裡有人考上醫科就會放鞭炮掛紅榜，好像古代的「金榜題名」時，堪稱人生站在最高點的一刻。而每個年輕人心中，或許也都有感到自己來到「最高端」的一刻，覺得自己無所不能。

「無所不能」的感覺，很像史詩戰爭電影《王者天下》（*Kingdom of Heaven*）中，飾演耶路撒冷國王的 Edward Norton 說過的一段話。我記得劇情大致是，耶路撒冷國王年紀輕輕就在戰場上打敗最強的敵人，開始覺得自己無所不能，大概連征服天下都不是問題了！那種「站在高端」的感覺上來，往往讓年輕人覺得「就算這麼嗆狂的目標，我也能辦得到」。

只是在電影中那最高端的一刻，就是這位年輕國王由盛而衰的開始。現實生活中，我也是。

◆　◆　◆

回想我的學術道路，站上最高端的一刻應該是在二〇一四年。話說在那之前，我與學校老師連續兩年在*Journal of Dental Research*（JDR）期刊發表關於牙痛與腦神經造影的研究，讓我隱隱約約有一種「我也開始攻占一塊地盤」的感覺。而那年由蘇黎世大學學者們主辦的國際牙醫學研究學會（IADR）年會的其中一場研討會，就是討論磁振造影與牙科的關聯。

我怎麼會知道這回事呢？是某一天系主任許明倫老師把我找去，說有人要請他去IADR的研討會演講，但演講主題看起來也和我有關，因為我們在JDR發表的第二篇論文，就是我與主任為共同作者（我為通訊兼第一作者）。幽默又睿智的主任謙虛地說，恐怕是蘇黎世大學那邊的老朋友們抬舉他，邀他去這個學術研討會演講。

◆ ◆ ◆

我聽主任這樣說時，心想長官要出征，我們就應該協助做好後勤支援。畢竟過去幾年，並不常見台灣的牙科研究者能有榮幸受邀在IADR演講。不過主任接下來說的話真是讓我受寵若驚：「他們講的是MRI啊，人腦啊神經這些東西，應該還是嘉澍你去講才對。」

我愣了一下，腦子飛快分析「你去講才對」的意思應該是，我們的研究成果被人看到，主要也來自我的想法與分析成果，所以主任可能覺得要我本人去報告，才能原汁原味把細節呈現清楚。這是學者的態度，講事情要清清楚楚才對。我當時是這樣以為的。

◆ ◆ ◆

當年的IADR年會在南非開普敦舉辦，因為許主任的引薦，我得以和三位他國學者一齊並坐，其中一位是蘇黎世大學研究磁振造影的先驅，一位是雪黎大學牙醫學院院長，還有一位是我曾接觸過，當年曾經到牛津大學訪問的口腔顏面疼痛專家。

而我？區區一位助理教授，能夠和這些學者們坐在一起，就是人生中最高端的一刻了啊！我當時的中二心情是「我這個小輩坐在這裡，完全不怕你們！因為總有一天我的論文發表會超越蘇黎世大學，我會在雪黎大學演講，我甚至可能到明尼蘇達大學任教！」我覺得我可以。

至於我那天究竟講得好不好呢？根據我之後又擔任過三次 IADR 的講者，也擔任過主持人，自己又主辦過一場研討會的經驗後回想，坦白說，我比起這些前輩們差太多了！

籌辦國際研討會

很多年輕學者把辦活動當成一種苦差事。我也是啊！假使我們辦活動只是為了迎合某些 KPI，為了湊齊一張「與哈佛、劍橋學者同框的大合照」，那還真是吃力不討好。但另一方面，大家都喜歡聚會閒聊打屁！學者也是人，台面上的演講當然聚焦在各種學術研究的嚴謹論辯，但檯面下，我發現大家更喜歡分享研究與教學的各種甘苦，特別是領域相近的研究者，也會面臨類似的研究窘境，透過此類型活動可以互相交流取暖，像是同樣做疼痛相關的研究，常有不容易招募到自願受試者的問題，或是在研究時遇到一些又氣又好笑的事。大家同是「圈內人」，聊起研究大小事，總能獲得許多共鳴。或許這和一般民眾以為學者們永遠都是正經八百地高談闊論不同，對學者來說，這是一種很難得的機會，我們也是人，能與人一同分享酸甜苦辣的芝麻小事，也是很可貴的交流體驗。

那，為什麼那年的許主任會說：「嘉澍，你去講才對」？很多年以後我思考這件事，好像有點懂了他的用意。並不是因為我比較會講，而是因為在這樣的場合裡，可以給年輕人一次高飛的機會。

有意思的是，那年在研討會演講後，台下還真有幾位學者對我給予指點，提了一些問題。那幾位來自日本的牙醫師，更也許把他們在會議上聽到我分享的見聞帶回去給他們的老師們。後來，在二〇一五年亞洲顱顎障礙症學會學術研討年會上，我遇到了好幾位來自日本、韓國的學者，還有人記得我在二〇一四年的演講。這又牽動了日後其他幾場相關的演講活動，讓我認識到世界上更多和我在相同領域努力的學者。

這或許才是許主任的用意，不能永遠是老鳥飛給你看，**現在把你推到最高點，自己想辦法飛吧！**

我算是相當幸運，享受了一次飛翔的經驗。但必須接受的事實是我的研究品質還追不上蘇黎世大學，產量完全落後雪梨大學。我以為自己已經可以做很多事，但其實還不能。第一次飛翔的感覺是肆無忌憚的，眼界打開了，覺得自己無所不能了，以為看到的都是我的。只是會不會有那麼一天，就體認到沒法飛得更高、盛極而衰……不要緊的，如果發現自己不適合飛行，我們就用腳走吧！

享受最高端的一刻，自我感覺真良好。

2014 年，我第一次在 IADR 的研討會發表演講，當時自我感覺良好，以至於台下只坐了寥寥無幾的聽眾也毫不在乎，我常覺得這就是年輕人的志氣。對前輩長官而言，重要的是出席率、掌聲熱烈程度，還有大合照裡排在什麼位置；對年輕人而言，「我被看到了」就是一切！

車子加滿油，但此路不通

我以前常在Facebook上放言，說什麼如果有一天我當上陽明的校長啊，我就要怎樣怎樣，標準中二口氣。但會有這些想法，也不是沒有原因。因為年輕老師得在承擔各種壓力以外有個抒壓管道，去幻想未來一個更美好的境界——沒有XXX（代表各種讓人忍受不了的壓力）的美好境界，應該是最舒暢的！

很多學生，甚至大部分民眾，會想到大學年輕老師最痛苦的事情，可能是「薪水不夠」、「工作太多」這類問題。但我捫心自問，這些問題是任何一位上班族都會遇到的，至少我不會把自己獨立於外，認為「我的薪水特別少」或是「我的工作特別多」。家家有本難念的經，沒必要去強調別的工作多爽多棒，來凸顯自己哀聲嘆氣的理由。

我甚至會說，一些民眾以為的「教授之苦」並不全然正確。或許有人會說，年輕老師好可憐沒有研究經費，但其實在這幾年科技部補助的計畫經費中，對於新進教師都有一定比例的照顧。甚至有許多高額經費的計畫，吸引特別有能力的新進研究人員申請。許多學校也會設置開辦費，讓老師一開始執行業務時不致阮囊羞澀。就拿我來說吧，我辦公室裡用了十年的電腦與多功能事務機，就是在當助理教授時申請的。

◆ ◆ ◆

年輕老師遇到的問題，不單是「不夠」，而是「不能」。沒有經費與資源去執行，這是「不夠」；而有了經費與資源，卻遇到重重阻礙無法施展，這是「不能」。在我看來，「不能」是比「不夠」更叫人挫折的一件事。舉個例子，好不容易湊了機票錢，終於有機會能出國遊玩，卻發現想參觀的名勝風景有種種限制，這也不能去，那也不能看，這是何等挫折？

所以我的觀察是，大部分學校裡年輕老師抱怨者與感到挫折者，往往不單純是因為自己覺得少了什麼、欠了什麼。相反地，在台灣的年輕老師們很早開始就理解自己的處境，會想辦法爭取資源去努力生存。很多時候讓年輕老師嘆氣的是，好不容易有了一點點資源，想放手去做，卻掙不開重重限制。

就拿我自己的研究領域來說，我向長官報告想在牙醫學系從事有關口腔功能的腦科學研究，長官們可能覺得頗有新意，是個值得探索的議題。儘管我自己能力還不成熟，但前輩們或許基於善意，也願意先給些資源、鼓勵年輕人去闖一些新方向。就這點而言，我就像許多年輕老師一樣心中充滿感恩，我們並非兩手空空開始打仗。

好啦，有了資源，可以放手施展了吧！當然沒那麼容易。這時候，挑戰才真正開始。

◆ ◆ ◆

首先，我在牙醫學系裡談腦科學，難道是打算將來醫治人腦來治療牙痛嗎？幾乎不會有牙醫師對這種議題感興趣的，更別說有人會想積極投入這些研究主題，因為那不是馬上能增進病患福祉或是增進診所營收的議題。因此，即使我有了經費讓學生從事研究，關鍵卻是我根本收不到研究生。這點又和學校分配研究生的制度有關，如果今天制度已經講明了，大家就是去找牙周病牙髓病科的學生，那很遺憾在這個制度下，我們不能強迫有志成為植牙或根管治療專家的學生，跑來和我念「腦科學」這種東西。因為研究生入學與分配的制度，就造成我們這樣冷門的議題很難收得到研究生。那怕我早已申請了研究生津貼，買好了高效能的電腦，在研究室等著學生入門。

再來，許多研究都涉及貴重儀器的分配使用。在陽明交大，我們有全台灣甚至全世界都少見裝置在校園內的磁振造影設備，就是專門攻克困難人腦議題的利器。使用這個設備需要事先預約，而且是每天午夜零點開放預約，就像是台灣民眾很熟悉的搶票一樣，我們一樣要「搶時段」。可憐我這個「一人實驗室」，怎樣也搶不過人多勢眾的大實驗團隊。有的實驗室從碩士生到博士都在隨時待命（standby），每到了午夜整點就開始搶快！有搶就有輸贏。我當然不能歸咎其他人怎麼動作那麼快，只是在這個制度下，我這個門派冷清的年輕老師很難施展。那怕我的磁振造影研究經費，長官們是從來不苛刻的。

因此，我有時候會這麼想：政府與校方並非不在意年輕教師，相反地是非常積極想給予幫助，但問題是這個幫助的「方向」，似乎總是在解決「不夠」的問題，並未針對排解「不能」的困擾。如果用開車上路來比喻，長官與前輩們可能覺得給你車子加滿油了，如果一個油箱不夠，再送你三個油箱！加了滿滿的油（例如充裕的計畫經費），怎麼會跑不動呢？但我的經驗是，年輕老師需要的並不是更多油箱，而是「搬開障礙」。沒錯，車子是加滿了油，但眼前有許多大石頭擋住去路，掛了多少油箱都沒用啊！

不過，我還算是幸運的，因為我遇到的重重限制阻礙，很多時候也正是前輩們走過的路。前面提到分配與使用磁振造影設備的種種困難，師長們很快地在行政流程上作出回應，讓我這個校內的無名小卒，也有機會預約到儀器。這就是真正幫助年輕老師解決了「不能」的問題，值得感恩。**曾有國外名校的牙科學者問我，為何我能在台灣持續從事口腔與腦功能的研究，我都說，這是因為我們的磁振造影中心同仁們了不起，他們總是幫我們排除路障。**

要開車上路，先搬走石頭，遠比掛滿油箱更重要！

那個做AI大數據的老師4ni？

前一篇提到的事情，可能會讓大家產生一種錯覺，就是年輕老師遇到這種種「不能」的困擾，只會兩手一攤，進入放棄模式。但事實並非如此！我所認識的大部分年輕老師，都是一副「就算眼前有大石頭阻路，還是會加足油門衝過去」的氣勢，這也就是為何校園裡的年輕老師們總是充滿拚勁。我常開玩笑說，人手眾多的老師就帶領研究團隊一起攻城，而我既然是一人實驗室，那就自己找洞鑽牆，總之通過高牆的方式又不是只有一種，就是拚了衝過去。

這似乎是一種「傻勁」。**但傻勁的背後是一種我稱為「最高指導原則」**（primary directive）**的東西，那是一種想法：「這件事，非我來做不可！」**比方在研究領域中，很多年輕老師找到了另闢蹊徑的重要關鍵，他當然會覺得自己占了上風，能衝出一些名堂，且沒有別人比自己更了解這個議題，自己就是那個「邱森萬」（chosen one）。在教學領域中也一樣，我認識許多充滿教學熱誠的老師，他們相信自己會教給大家很重要的事，可能是一種新理論或新技術，而且沒有別人比自己更懂，自己一定要把大家教好。也因此，就算有再多的不夠與不能，他們還是想自己來，自己拚過去。

◆ ◆ ◆

不少老師就是在這樣逆風而行的情況下，憑著自己的熱情去衝撞對自身不利的現實。因此，令人痛苦的往往不是現實有多逆風或暴風。容我開個玩笑說，越是逆風（例如有人跟你爭辯，你的研究主題是錯誤的），搞不好戰意還越高昂，定要辨出個勝負呢。

因此，我覺得真正可怕的不是逆風或暴風，而是「無風」。簡單地說，就是一位年輕老師發現，他的所作所為根本不被重視，或不被在意。**這種不被重視或不被在意，對一心憑藉熱情來驅動的年輕老師而言，其挫傷力更甚挑戰與阻力**。很多時候這些狀況並不是刻意為之，而僅僅是「自然而然」發生。我這裡舉兩個例子：

其一，在彙整老師的專長時，有些像是武俠小說裡劃分門派的方式，比方哪幾位老師算「組織工程的人啦」，另外幾位老師「就是玩大數據的啦」，哪幾位老師「就算基因體那邊的啦」。對一位正在攻克某個特定癌症基因的老師而言，就這樣輕輕鬆鬆地被放在「喔，他們都做癌症的啦」的組別裡，只是讓人感覺無足輕重，好像自己畢生研究的目標，不過就是「另外一個癌症研究」。

其二，在安排課程時，院系也很可能會採取一種「點人頭」的方式，例如現在開設「口腔衛生導論」，那麼所有與這個題目有關的老師，管你是從事益生菌研究還是牙刷人體工學，通通都來帶一堂課。如果大家能教和專長相符的主題，自然是相當不錯。但如果只是為了排課，你懂牙刷就去教做假牙吧，你會益生菌就去帶免疫學吧。這並不能算是對老師專業的尊重。更重要的是，年輕老師的專長沒有被放在精確的位置，這就是人力配置的問題。

大部分年輕老師或許不會太在意這種事情，大家還是憑著每個人心中各自的「最高指導原則」的熱情繼續衝。就拿我來說吧，我是台灣牙醫學系裡極少數並未有任何牙醫次專科資歷的老師，恐怕對於學生想磨練技術、治病發財而言，是根本無足輕重的。我比較幸運的是，長官也明白我有自己的專長，願意給我機會在牙醫學系開了全台灣獨一無二的「行為牙醫學」（Behavioral Dentistry）課程，甚至連國外老師與學生都想來借鏡學習。當我看到國外牙科名校的教授說：「你們有辦法開這門課，我們都辦不到哩！」就不免充滿榮譽感，這就是用以燃燒年輕老師熱情的最佳原料！

但長久下來，當我們發現自己的作為並無預期的效果，一切都是無足輕重時，自然也不免開始質疑自己：Why am I here? 這是對最高指導原則的反動。而我常想，**如果一所學校或學院裡的老師，開始問自己 Why am I here，那表示我們奉之為圭臬的「最高指導原則」開始失效，我們失去動力了，這就是最大的危機**。就拿我自己來說吧，我雖然自詡有神經科學方面的專長，也很想多教牙醫學系學生這方面的議題，但偏偏牙醫學系並沒有神經科學的課程，相關議題也不是放在牙醫學院來授課。所以我在陽明交大十年來，大部分時間都在教學生做假牙。更進一步說，大部分時間我在實驗課，都在做點名和紀錄成績的事。至於我自己引以自豪的「行為牙醫學」課程呢？不令人意外的，那依然是大家眼中可有可無的課程，對醫界前輩而言，也難入其法眼。

◆ ◆ ◆

但教學十年下來，我在心態上也有些許轉變，或許是意志較薄弱吧，我點名點了十年以後，也漸漸開始習慣這樣的日子。直到現在，雖說對我上課的「點名術」與紀錄成績的嚴謹性，是有相當自信，也並未忘記我的最高指導原則：「我是個神經科學家，我來教大家口腔功能的人腦知識，我可以辦得到！」但我不會去執著這樣的想法，或應該說「不敢」去執著這樣的想法。因為那會帶來痛苦。痛苦的原因很簡單：在牙科裡，沒人在意什麼腦科學的。這就是「無風」的狀態，有我沒我，根本沒差。

話說回來，也許我該持平地說，如果對年輕教師一開始就抱以高度的期待，用紅毯與鎂光燈去迎接，掀起一陣陣風潮助長聲勢，會不會反而對其帶來更大的壓力？我覺得確實有可能，且對許多老師而言，一個「最好不要有人注意到我」的環境，可能有助於好的研究能夠低調地發生。所以重點當然還是取得平衡。我只是想表明這樣的想法：**年輕教師做很多事情就是基於熱情，不要抹煞他們的熱情，而「無視」往往是對年輕人的熱情，殺傷力最大的一種。**

您的「夢幻團隊」有幾個人啊？

每位年輕學者在學術事業開始起飛時，都期待兩個階段的成就。第一個階段是當自己資歷尚淺時，能在夢幻團隊中扮演活力中堅的角色，在領頭前輩們注目的眼光下，成為領域的傳承者與明日之星！第二個階段，就是成為大頭目，能帶領整個夢幻團隊，在長桌的一端號令其他學者去衝鋒陷陣。

上面這段話若講給博士候選人聽，感覺很嗨！但稍有閱歷的老師們可能會嗤之以鼻：「最好是啦！」那個「第一階段」充其量不過就是幫老大跑腿做血汗，什麼明日之星嘛！而「第二階段」又有幾個人能達到？能撐到退休全身而退，已經千幸萬幸了！

◆　◆　◆

其實呢，願景和現實的差異也許並不太大，關鍵在於「夢幻團隊」這四個字。這年頭大家都期待在大學裡，可以和其他人一起「變」夢幻。我用「變」這個字來呈現一種動態的過程：一群有著相同目標（例如想攻克某個臨床議題），慢慢匯聚成為志同道合的盟友（例如臨床醫師），彼此相輔相成地一起工作。

而我希望找到一起「變夢幻」的夥伴們，第一目標當然就是在牙科。早在我念博士班時就想過：我們研究口腔功能與人腦，便是想了解病患治療的種種。例如我早期對疼痛與焦慮恐懼議題的興趣，這不正應該與臨床牙醫師合作，針對病患來研究，發揮更大的影響力？臨床牙醫師一定會對牙科疼痛與焦慮恐懼等議題很有興趣的！這組合簡直夢幻到不行，他們是醫師不懂研究，我不碰病人但專做研究，我們根本是天造地設的一對，豈有不合作之理？

我抱著這樣的熱誠，在助理教授時寫的第一個計劃就搖旗吶喊，希望與醫院的牙醫師們有更多的合作，但得到的回應屈指可數。我一開始想，會不會是因為我的輩分資歷太低，師長們還看不上我？幾年之後我才慢慢明白，不是臨床的師長們排斥合作研究，而是對他們而言，學術研究不是他們聚焦火力的地方，並不強求「每個月發幾篇論文」，汲汲於「去年到底得了幾個傑出獎」。我不能因為自己覺得研究很重要，應該追求更高更好，就認定臨床的牙醫師也應該這麼想，或認為他們怎麼不夠積極，不和我一起衝？

◆ ◆ ◆

但師長們默默地給予支持，我後來透過師長的引薦，在神經內科和高齡醫學領域裡找到潛在的「同道」。有時候回想起來，還是覺得不可思議，我這個在自己牙醫的圈子裡，那麼微不足道的一個人，竟然有機會在牙科以外的領域，和那邊的長官前輩們合作，不得不說是一種福氣！我從來沒有組建或加入過什麼夢幻團隊，但只要想法與能力被看見（那怕不是在牙醫的圈子裡），就很值得感恩了。

直到今天，我還是夾在學科領域間的縫隙裡生存。我是牙醫學系與腦科學研究所的合聘教師，看似跨學科，但似乎都有那麼點兒怪：若說我是牙醫學系的老師，但在整個學院裡我幾乎無法與其他老師配合，因為我做的研究既不能賺錢，也不是能做出張貼在官網上的亮眼成果；若說我是腦科學研究所的教師，但我很清楚腦科所優秀的同學們都希望去攻克失智症或精神疾病這些最要緊的課題，會有人想來研究戴假牙這件事嗎？

現在高教學術圈裡有很強烈的風向，鼓勵年輕人要走出舒適圈，去跨領域做更多整合。但我這個常敗將軍卻想作個反證。**或許年輕學者更應該認識到「夢幻團隊」是可遇不可求，並不是常態。事實上自古至今許多偉大學者，他們真正知心的「同道」只有幾位，就寥寥幾個人互相扶持、蹣跚前進著。**「夢幻團隊」對我實在是太奢侈的想望，能夠找到同道就不錯了。曾有同事非常驚訝，那就是我不但自己沒有能力組成團隊，我連當別人計畫的 co-PI（共同計畫主持人）的機會都寥寥無幾！任教十年以來，我僅僅擔任過一個計畫的 co-PI，而且那還是神經科學領域師長的帶領，我從未有機會加入牙科計畫。

不過，對於有崇高志氣，以建立夢幻團隊為目標的年輕學者們，我還是可以從過來人的角度提供正面的建議啦！我自己雖然辦不到，但至少也能指出一些「坑」，希望大家留意跳過。

首先，團隊一定會面臨跨領域的障礙，這個「跨領域」講的不是字面上的意思，而是指實際上彼此對議題的掌握程度。我之所以覺得和神經內科或高齡醫學團隊能自在地相處，因為我的研究議題與方法（例如人腦與認知、生理功能測試），實際上比較接近他們關切的面向。如果我今天拉著那幾位神經與高齡醫學科的主任，要求他們理解假牙製作的過程，恐怕就不容易了！事實上我在牙科面臨的就是這樣的困境。表面上我人在牙醫學系，應該與牙醫師沒有跨領域的障礙才是，但在研究議題與方法的層面，彼此能對話的基礎並不多。

再來是團隊能否組成，不是看大家有多熱心，而是看大家克服困難的決心。例如我想和牙醫師合作進行人腦造影實驗，這些人腦造影的分析過程，對我可能並不是天大的挑戰，但臨床醫師非常忙碌，對他們而言，還要去弄懂這些事情，怕是不小的負擔。如果感覺到這個團隊工作「有點累人啊」，不是那麼夢幻了，有意參與的夥伴就會放慢腳步。可是，在我合作過的一些牙醫師中，也有人對於一些技術細節方面的問題，很願意親力親為地了解學習。雖然短時間內看來那是一種「負擔」，但很快便能獨當一面，成為團隊中堅了！

最後，也是我比較難以啟齒的是，「變夢幻」的前提是大家有共同的目標。不過，很多時候大家在行事策略上一致，但心中的目標並不一致。例如找了好幾位 co-PI 加入夢幻團隊，但很可能大家做的「夢」根本不一樣！有人想著研究結果出來以後技轉賺錢，或琢磨著 paper 出來的時候，自己的名字會放在第幾位。很多時候，儘管團隊工作可以繼續維持，但已沒有「實質」上的合作。大家僅僅是行禮如儀。

如果每天只有二十一小時能活

下這麼聳動的標題，只是為了抒發一件事，那就是我剛開始在大學工作的前四年，每天要花將近三小時在通勤上。我家住在新北市，每天要經歷兩趟公車加一趟捷運（轉兩次車）到學校。回家也是。

看到這裡，要是有朋友們吐嘈：「還好吧！我每天通勤超過三小時以上吔！」我可一點也不意外，這或許也是台灣通勤上班的日常。合校後，我也知道有些老師得台北、新竹往返，一天花三小時以上的交通時間是常態。

或許也有人說，你不想通勤那就只好搬家囉！但現實是，當時陽明大學周遭的租屋行情，不是我區區助理教授一家人能輕鬆租得起的，買房子更是不可能。所以，我一開始就決定了，**用時間換取金錢吧！然後，用陽壽來換取時間！**

所謂「用陽壽來換取時間」，當然就是把通勤耗掉的時間，用熬夜工作換回來。就拿我當助理教授的第一年來說，那時我小孩剛出生幾個月，晚上特別不好睡。所以當我晚上八點左右回到家，要先度過讓小孩安睡的關卡，因此，有時候第一項「回家功課」就是要推著娃娃車出外逛街，相信這也是很多家長的共同回憶。假使小孩一上車就睡著了，又僥倖他睡得夠熟，可以馬上回家抱上床，大概就可以鬆一口氣，然後進行第二項回家功課。

如果一切順利，我可以趕在十一點開始工作。話說許多上班族是加班到十一點才離開公司，我則是十一點開始自動自發地上晚班直到凌晨兩點，也有很多時候是一路做到凌晨三點，然後睡到七點起床、趕車，才能在九點以前到校。所以，我和學生一樣討厭「早八」的課程，因為那意味著我前一天幾乎跟我的床鋪相處不到四小時就要分別。這就是我所謂縮減自己陽壽的日常生活。

我並無意責難台北市的交通狀況，但要過上這種生活，原因之一正是我們消耗很多時間在通勤上。但我講的「消耗時間」並不是浪費時間，我在捷運上是可以一邊站著一邊讀 paper，甚至拉著手環搖搖晃晃，還能閉眼補眠。好幾次就這樣坐過站，從中正紀念堂睡到東門。當然，這絕對不是我個人多悲慘的寫照，因為身邊的上班族，很多人都是這樣過的。

◆ ◆ ◆

我要說的是，回到大學這樣的教研單位，讓一個身負著教研職責的年輕人這樣過活，是不對的。我的理由一點也不清高，反倒非常功利：**大學裡年輕學者的「業績」就是用時間換取學**

術產出，換取學生的滿意度。現在年輕學者們每天被抽掉那麼多時間（手拉著拉環睡覺），這是最沒效率的事情。

當然，也許有人會說：什麼年輕學者？啊你如果夠優秀，就算通勤窩在捷運裡，也可以想出偉大的創見吧？根本就是自己不夠厲害，還牽拖什麼沒時間……

面對這種說法，我倒是很樂意一起起鬨！搞不好真的哪天在心煩意亂的通勤時候，我想通科技部計畫完美過關的妙方，那我會樂此不疲，天天讓自己在高壓的條件下……寫計畫。但假使資深學者或行政主管對年輕學者說：「你就認命吧，吃得苦中苦，方為人上人！」我會非常生氣。因為想要馬兒跑就不能不給牠吃草。如果連吃草的時間都沒有，還能有什麼要求？

◆ ◆ ◆

很遺憾的是，直到我撰寫這篇文章的當下，還沒有見到這個社會對於大學教師「柴米油鹽的背後」方面有系統的探討。甚至，民眾或許還會覺得，啊反正累也累不死人，搞不好操一操，這些教授還會想出破解相對論的公式哩！

比起其他一些學校的年輕老師們，我算幸運。因為我服務的大學一直都有健全的宿舍申請系統，因此當我努力通勤了四年以後，總算輪到我獲得了積分，能夠申請宿舍，「比上不足比下有餘」的邏輯又發揮功用了，在與他校年輕老師的談話裡，真的可以感受到他們的忌妒之火啊！有更多年輕的老師們，仍卡在這個住與行的困鎖中。

我想再次強調，我們對年輕學者的協助，很多時候非常地高遠與卓越，認為只要提供很多經費與設備支援，便能幫助年輕人做出很好的表現。但大部分時候，青年學者需要的可能是柴米油鹽般的奧援，除了交通住宿這些問題，是否真的有人關心年輕教師願不願意結婚生子？或是如何妥擬時間奉養父母？開個小玩笑，我曾經說如果我要競選校長，拋出第一個政見就是幫年輕有孩子的老師們辦理臨時托顧。因為如果我是校長，我不忍心看到年輕老師在準備寫論文投稿期刊的時候，還在心煩兩個小孩在家裡吵翻天。還有，正因為我是過來人（希望未來校長候選人也是過來人），我會說臨托會比設幼兒園更重要，因為我們這些爸媽老師最「燒」的時候，是被迫臨時去處理學生事務或開會時，小孩卻沒地方放，而不是小孩沒地方上學。對校方而言，這是業績與利益的問題：如果老師們都忙於家務而喘不過氣，又要如何變「偉大」？

假使一所學校的年輕學者，為了拚升等不敢結婚，為了追求卓越不敢生小孩，那又怎能期待年輕人邁向卓越——當他們心中只有恐懼？

專心致志做研究……別想別想！

許多人對於大學教師的印象，可能是把自己鎖在書房或圖書館裡，從浩瀚文獻中釐清真理，或從成堆的數據中找到脈絡，洞察天地間的真理。教授，就像是學問的修行者一樣，總是雙目垂閉，靜心地聆聽宇宙至理，直到腦中閃現一絲洞見……

「最好是這樣啦！」對年輕學者而言，我們生活中絕大部分時間都在聆聽教室內的吵雜聲，另一部分時間則是聆聽家中小孩的哭鬧打架聲。「雙目垂閉，靜心地聆聽宇宙至理」是怎樣的情景？我沒經歷過。

◆　◆　◆

不少大學裡年輕學者面臨的挑戰是身兼老師與父母的雙重角色，我常開玩笑說自己是在「教兩群孩子」，在課堂上教別人的孩子，在家裡管自己的孩子。也因此，我們很難集中全力只顧好其中一個，當在學校進行研究教學活動時，得想好誰來接送自己小孩上課，顧慮孩子的晚餐吃什麼、是否來得及買菜等。在家裡照顧小孩時，又要掛心導生發生了什麼問題，研究生遇到了什麼困難。

必須強調的是，這並非只是年輕學者要面臨的人生挑戰。在台灣，各行各業年輕人在成家後，都會面臨兼顧家庭與工作的挑戰。但對於年輕學者而言，不斷地分心與分力，會造成更辛苦的結果。因為學術研究本身恰巧就是最不容分心分力的。

還是以我自己來舉例吧！我在這幾年教職感到最榮耀的事蹟之一，是在二〇一八年參加國際牙醫學研究學會年會，我們的研究由同仁發表，獲得了當年老人口腔醫學組的海報首獎（John Morita Award），這應該是第一次為台灣爭取到這樣的榮譽。而那個研究的正式論文在幾個月後發表時，正是我太太懷孕分娩之際。更精確地說，論文投稿出去的那天，就是我太太生產後的第三天凌晨。我在醫院產房的休息區裡完成投稿。

◆ ◆ ◆

我不是說在產房前投稿的這個畫面有多特殊，因為在我們校園裡，應該有更多老師們是一邊餵奶安撫幼兒，一邊交代研究生專題討論（seminar）的注意事項；或是一邊幫小孩檢討暑假作業，一邊幫學生修改投影片。也許有人會問，這樣哪能做得好研究？「沒錯！」不少年輕學者就是在這樣非常衝突的氛圍裡做研究，我們的學術修行就是在尿布堆與小學生的作業中進行，但不要以為我們因此就混亂無助喔！事實上，我們之所以受過嚴謹的學術訓練，恰巧體現在這件事上：**很多人可能因為嬰兒啼哭或孩子吵成一團，早就失去耐心無法思考，但正因為我**

們是受過學術訓練的人，因此勉強還能從事這些思考分析的工作——即便，這環境與研究分析一點也不速配！

再次強調，**如果真的以為當學者就是經常「雙目垂閉，靜心地聆聽宇宙至理」，那實在是大錯特錯。**我甚至會對有心踏上學術之路的學生說，你們要有心理準備，將來是否能一邊餵小孩喝奶，一邊檢查多重線性回歸模型有哪幾處沒有合乎統計前提？如果沒有辦法耐著性子去做這些需要嚴密思考的事情，那請你多請教前輩，了解研究工作絕對不是「深山修行」那樣地獨立於世。事實可能恰巧相反。

◆ ◆ ◆

也就是說，年輕學者需要發揮智慧的地方，往往是如何協調自己周旋在這些不同戰場上的「戰略」。在「戰略」層面上，就是指如何調配時間與資源。例如在學校時認真上課，然後把回家的主力任務放在帶小孩。那，什麼時候做研究呢？當然就是晚上熬夜到凌晨兩、三點，等小孩睡著後，勉強爭取到幾個小時安靜的時刻來思考。這是一種戰略，只不過要完成一個（看似）成功的戰略是必須付出代價的。因為長期下來，勢必睡眠不足，身體也不可能強健。

我實施這樣的戰略得到的「戰果」是：在我第一個孩子出生後不久，我就因為肺炎感染住院，然後升等副教授；同樣的戰略，讓我在第二個孩子出生後，又得了第二次肺炎，之後升等教授。我常自嘲跟朋友說，我的戰略超簡單，就是用縮短陽壽來取得兩方面的平衡。你不能求所有事情都盡善盡美，但如果能求取兩者ok，第三者（健康）就是犧牲的代價。

我還養成一個習慣，直到現在。那就是在吃晚飯的時候，閉著眼睛吃，以致小孩會問，為何爸爸邊吃飯邊睡覺。事實上，我只是趁嘴巴在咀嚼時，讓眼睛休息一下。**但我知道我肯定不是大學教師裡唯一的例子，在陽明交通大學與全台灣，甚至全世界的高教場域中，有更多年輕學者各自發展獨特的「戰略」來調適自己的工作與生活。**

◆ ◆ ◆

上面說的這些並不是訴苦，我尤其希望學生在讀到這段時不要會錯意，以為這番話是警告年輕人，如果希望成為專心致志有為的學者，千萬不要成家立業。錯！這並不是我要傳達的訊息。我要表達的是，**假使我們大學是如此的工作場域，迫使年輕人在大學教書做研究，只能棄自己幸福與家庭不顧，才能做好教授職責的話，那麼我會嚴厲地指責，這樣的工作場域是畸形的！**

但我們離這樣誇張的結局，還有一段距離吧？我何其有幸，遇到的長官很善體人意，他們從來不會說：「嘉澍老師績效不好唷，應該少花點時間照顧小孩，多花時間去學會爭取當理事長」。更值得欣慰的是，我們這個年代的風氣已日漸包容且願意接納我們這樣「雙工」身分的人，下午四點前從事老師的工作，下午四點國小放學以後立刻轉換身分扮演「家務管理員」。在國外，不乏政府官員帶著孩子上班工作，近年在台灣，政府也開始留意到媽媽或爸爸學者們有育嬰需求，而調整教授升等年限。這些都是一種正面的轉變吧！

總歸來說，我不認為自己會有「雙目垂閉，靜心地聆聽宇宙至理」的那一天，**對需要兼顧家庭的年輕學者而言，「在孩子的哭鬧打架聲中，繼續聆聽宇宙至理」，才是真正的修行。**

對我的研究認識最深的人

對我的研究認識最深的人，並不是我們的院長或系主任，當然也不會是我的學生。對我研究認識最深的人，我覺得是丹麥某大學的審查委員，因為我去應徵過那邊的工作。

當時我在陽明大學已經服務八年。對一些老師而言，升上教授以後就是穩穩當當地確保自己不會被降級開除，而我居然還在找新的工作？有人可能會說，這樣的老師真是沒定性，怎麼忠誠度這麼低？但若換個角度想，如果我能獲得新東家的賞識，正代表這個老師想追求更好的表現，假使心裡只想著「明年不要被老東家開除或降級」，那是否才顯得太故步自封，不想求新求變呢？

話說教職非常難找，口腔醫學領域教職的職位缺額更是非常稀有，但二〇一九年還是被我發現了丹麥某牙醫學院正在招募教授。我決定把握這個機會，非常認真地整理了CV（Curriculum Vitae，學術履歷）

與資料，包括填寫了一個簡單的表格，說明自己過去重要的十篇研究著述。這個一點都不難，因為大家在申請國科會的計畫時，都會填類似的表格來標榜一下自己的研究成果。

◆ ◆ ◆

投出申請信後，日子漫長，一開始是接到一個入選名單（shortlist），再來隔了很長一段時間，當我以為自己的申請資料應該被打入冷宮時，收到一個通知，簡單講就是他們組成了一個專家小組（panel）來處理求職者的資格審查事務。這時候我才搞懂，原來我申請對方牙醫學院的工作，而聘任教師這件事並不是由牙醫學院執行，而是學校有特設的人資小組負責。

這是我一開始無法理解的。因為在台灣大部分三級三審（或N級N審）的制度下，主要是由系、院、校三階段來分別評估候選人的能力。但原來（至少）在丹麥和瑞典，系主任或院長並不過問這些事，主要用意就是維持招募候選人的獨立與公正性。就算身為院長，也不會且無法把自己的「老朋友」從文件堆中先抽出來，因為在看那堆文件的人，包括外聘專家，根本不知道誰是誰的老朋友。

我很感激這樣的行事流程與制度。不然，我這個名不見經傳的小咖，不是任何人的「老朋友」，大概早在第一關就會被剔除了。

如果拜託每位老師都去爭取更好的職位……

如果，我是說如果，如果我是校長。那麼我會請學校的老師們，盡可能去申請國內外更好的職位。半開玩笑地說，那就是拜託大家去跳槽啦。原因很簡單，如果老師們想跳槽去更好的學校機構，這會是一種強大的動力，老師們會更努力爭取更多優勢來妝點自己的履歷。如果學校看到老師們這麼積極地求表現，校長難道不應該開心？當然，萬一老師們真的被別的學校機構搶走，那正反映出學校留不住人，定有一些急切需要改進之處。如果校務能持續改進，再革新再加碼，也不用擔心老師跳槽去別的地方了？

簡單地說，如果哈佛大學搶著要我們的老師，那是否該想辦法留下這樣的老師？我很清楚這樣的思維實在太顛覆了，這種搶人才留人才的競爭，應該是在產業界才會看到吧！但如果真要從競逐人才的角度來看，一所大學與一家企業的差別在哪裡？真是值得深思的問題。

◆ ◆ ◆

又過了將近半年後（是的，就是折騰這麼久），有天下午當我和學妹在牙醫學系系辦外面討論研究計畫時，收到了對方的來信。一開始先提到我通過了第一階段的審查，然後讓我吃驚的是——收到整整四大頁的審查報告。

更讓我訝異的是，有人（我當然不知道是誰，顯然是審查委員之中）竟然對我提出的十篇論文，一一做出評述，而這評述的細膩度是到統計結論的層次，從來沒有人對我的研究看到這種程度。說句現實的，假使我有研究生，他們大概也不會想讀老師的作品，讀到這種程度！

更何況我只是一位申請教職的候選人而已，而且應該還是最名不見經傳的那位。竟然會把我列出的著作一一討論，光是這點，我當下就覺得：這位委員真辛苦。即使有提供審查鐘點費，這些委員也真是扎扎實實盡了本分啊！

我覺得更激賞的是，這所學校把「選才」當一回事。就算你名叫 Chia-Shu Lin，是個沒人聽過的小咖，但還是給你公平透明的評估，認真地把你的作品都看過一遍。而且，不只論文的部分，人家可是把我從行政服務到產學的各方面評了一遍。這種評語看在眼裡，就算被審查者嫌棄，我也是心服口服。

我到今天還非常感激這（幾）位審查委員。他們最後留了一句評語，很婉轉地告訴我沒有獲選的希望。但這句話對我而言，比起花言巧語的鼓勵，有著更大的激勵作用：

> "Dr. Lin is qualified overall, although he would be a better candidate a few years from now presuming he gained more experience."

對我這個菜鳥而言，這段話真值得感恩！

高齡化的青年學者

話說，身為一月球迷的我，自上屆（二〇一八）的FIFA世界盃足球賽認識老吉魯（Olivier Giroud）這位傳奇……嗯，傳奇的老球員。我就覺得我們是同路人。他二十七歲才踢進他的第一顆國際賽事進球，我三十七歲開始做研究。他不是在青少年時期就被當成明日之星的天才，我則是成績表現都差的劣等生，嘿嘿！

足球明星梅西在十三歲時就被挖掘，這在職業足球並不那麼例外，而我心中永遠的強者席公（Zinedine Zidane），也是十三歲登場。我常說，這種就是龍傲天的故事啊！能夠念到我們陽明牙醫學系的學生，也可稱得上是高中生界的梅西與席丹，對吧？我們的學生不乏高中時就出類拔萃，更可能在讀小學、國中時，就已經是師長們眼中的未來醫科狀元，大概也就是英國切爾西（Chelsea）足球隊的當家前鋒吧！所以我大膽類比，我們的學生和梅西、席丹、羅納度這些早早成名的球王，有很高的同質性。

那老吉魯呢？他在二十七歲以前還在打乙組聯賽。這個數字有多嚇人？有比較就有傷害：梅西在二十七歲的時候已經拿了四次金球獎（Ballon d'Or）；「外星人」羅納度在二十歲就當上了世界足球先生。

可貴的是，前陣子看到吉魯這位運動員的報導，他自己說：「我二十幾歲的時候，表現實在不怎樣。」這是吃了誠實豆沙包嗎？但我不覺得他特別謙虛，反而覺得他認清了自己是誰。自己不是梅西也不是羅納度，那好吧，我就當我自己吧！老吉魯的起步就是比別人慢，沒有人看好我是明日之星，也沒有星探開直升機載我。我就是等到現在才開始！So what！

◆ ◆ ◆

我想起我三十歲生日時，正在英國念碩士、那天好像是考試剛結束、大家出去慶祝，我就趁機向大家宣告當天是我三十歲生日。大家都嚇了一跳，因為我的同學們那些高材生，不是剛從劍橋畢業，就是電腦天才跳級過來的。很幸運地，當年三十歲的我靠著外表，讓同學們嚴重低估我的年齡。但這也赤裸裸地顯示，在這群同學中，我還真「老」啊！

是啊，我就是這麼「老」！我在想。當吉魯終於掛上國家隊戰袍時，大概也有人會想「這個人從哪裡來的啊？沒聽過他啊？」「他二十歲的時候得過什麼獎？沒聽過這人啊！」我念博士班的時候，看到一群二十歲出頭的牛津準博士時，我心裡也這樣覺得。

現在台灣有不少特別針對青年學者的獎勵，條件大概都設定在博士畢業後十年內，或年齡在四十歲或四十五歲以下的年輕人。我舉雙手贊成。儘管我自己已沒有這個福分與能力去競爭，但這一定是好事。我當年在牛津遇到的幾位同學，二十出頭已經在 *Nature* 發表重要論文，現在應該還不到四十歲，都是英國頂尖機構研究員（相當教授）等級的人物。**年輕學者就該越年輕，越讓他／她出頭！**

二十歲就拿足球金球獎，年輕學者也辦得到？

答案是辦得到。當然，我指的不是金球獎，而是在國際最頂級的 *Nature* 期刊上發表論文，然後持續維持高品質的研究成果，我想二十幾歲不算早。因為那些就是我在牛津大學念博士班時（我當年三十五歲），我同事的成就。有人會說，這大概是因為牛津、劍橋那種地方很多天才，啊天才自然早早就獲得很高的成就。但我認為台灣同樣有優秀的年輕人，我想，如果能做到三件事，我們可以做得像牛津、劍橋一樣好：第一、遇強則強：讓年輕人知道天外有天，多認識世界級頂尖的研究，讓他們的志氣更高。多參加國際學術活動，多在頂尖學者面前曝光，甚至給頂尖大師們「電」個幾回，多與強者交手，就會更想成為強者。第二、強化榮譽感：讓他們知道自己的貢獻「有足輕重」，在團隊大合照中不只是背景，更是團隊不可或缺的中堅。尤其是學校與學系，不要吝惜讓年輕人登上版面。現在給他們鼓勵，明日他們更成熟，就會為校系帶來更大的榮耀。第三、拉近距離：讓高層長官與年輕學者有更多直接對話的機會，而不是透過公文或「績效月報表」逐層上報。我相信年輕學者老師們，不僅期許自己對學院 KPI 分數有貢獻，他們更希望長官傾聽，當面獲得一句"Well done"！

這道理我們的長官當然也懂。但每每提到類似例子，得到的反應是「對啊，那麼年輕就當上某某教授，這是個人才，要好好栽培。」其實這樣的論點有些倒果為因。「此時此刻」是因為看到年輕人有了非凡的成就，才覺得要栽培，但人家早就茁壯啦！我們要在年輕人還沒在琢磨出成果時，願意給他舞台、拉他們一把。

就像是總不能等梅西四十歲通過升等後，再請他去踢前鋒呀。重點是即使不確定梅西未來是不是球王，也要看見、看重他未來成為球王的潛力，從年輕時就栽培他。「也許梅西過了二十歲後，會一事無成，但現在看起來，這小子夠力」——要有這樣的惜才精神，才是真正栽培年輕人的態度。

◆ ◆ ◆

說到這裡，也許有人會猜大澍老師要來給這個故事一個 happy ending 了。這個套路應該是這樣：老吉魯起步雖晚，但憑著後天的意志與努力，急起直追，終於在二〇二二的 FIFA 世足賽發光發熱，老而彌堅，好勵志啊！

不是，事情並不沒有 happy ending。因為二〇二二年的世足賽也是老吉魯的最後一戰了。以他的年紀，想要再發光發熱？抱歉，足球競賽是科學的，因為生理學是科學的，老化機制是科學的。

我從來不認為我是年輕學者。我是說，**我的起步很晚，雖然在學校資淺但高齡，恰巧我做的研究又與高齡老化有關，我就自稱是「高齡的青年學者」**。這自稱雖然有點淡淡的哀傷，但我並不因此喪志，因為我知道我走的就是老吉魯的路子，我沒有梅西那樣的天賦本領，那就不要奢望想成為「龍傲天」。

但對於「龍傲天們」，我們老師甚至整個高教體制一定要盡力幫助。**就算我們不知道他們是否能登天，但年輕人有龍傲天之資，我們就對他有責任！**

還是沒學生，我破紀錄了嗎？

好像從當助理教授起，我就想營造出一個名號，讓學生印象深刻。可惜這個名號營造了很多年，甚至在很多演講中我都刻意打廣告，大家還是不領情，不知道原來我也是有名號的。我的名號就是「三無堂」的堂主。

什麼是「三無堂」？假使有學生報以好奇的眼光，我會欣喜地立刻解釋：「我吼，沒有學生，沒有專科，沒有網路（人脈）。是謂三無。」還不忘補充：「我到陽明當老師已經十年，我沒有收過研究生（全職的碩博士生）。」

因為我「三無」嘛！誰會想找這樣一位彆腳的老師做研究？這個風中殘燭的門派，只剩下師父一個人，有前途嗎？另一方面，正因為三無，就更空無了。這種循環一點也不奇怪，大家只要想想一家生意興隆的店家，往往隔壁另一家店就是空無一人的苦主。強者（弟子眾多的名教授）越強（弟子就更多了）、弱者越弱，教授收學生和做生意的道理也是相通的。

當年剛到陽明大學，我曾經非常期待能像自己欽羨的那些師長一樣，組成一個夢幻團隊，在偌大的長桌上召開實驗室討論會（lab meeting），如同指揮官一樣發號施令，在研究的版圖上攻城掠地。但很快地，我發現事情不對勁。上述的場景本來應該是學校裡老師發展的正常進程，不斷教導學生，發表論文，累積「門派」實力並發揚光大下去。但我在牙醫學系面臨的第一個困難就是：我根本沒有學生啊！

這裡要說明，我並不是完全沒有研究生，而是沒有「全職」以攻讀碩士研究為本業的學生。在牙醫學系固然有許多優秀醫師，他們就讀研究所臨床領域，但主要目標是取得臨床專科（例如牙周病或牙髓病專科醫師）資格，同時進行碩士學業。我們老師的責任就是協助他們完成碩士論文。但這裡「主／從」是非常清楚的——**年輕醫師的目標是取得專科醫師資格，並不是轉向改做研究，把成為科學家當成志向**。也因此我曾很嚴肅地說，我從不把自己視為是這些醫師們的「指導教授」，因為他們真正心繫於高超的臨床技術，我哪有資格指導之？我比較像是大家的「研究助理」，幫助醫師們進行論文專題。只求能讓他們對資料分析的技巧或學術倫理的嚴謹加深一點點認識，我這「助理」就算功德圓滿了。

所以這裡就出現了一件在牙醫學系與其他科系相當不同的現象。在牙醫學系，我們不太容易收到真正有志從事研究的同學。當然有人會說，總有一些非牙醫師的學生願意報考吧！確實，近年來我們看到許多其他領域（可能是口腔與健康相關領域的學生）也來念牙醫學系研究所，但主要都是針對產學方面的研究，例如數位與材料工程方面的研究。這些同學並非牙醫師（大學也不是念牙醫學系），但是對口腔醫學的研究進展貢獻良多。

那我這邊呢？「有人想來牙醫學系學習人腦與口腔功能的關聯嗎？歡迎來找我喔！」再次打廣告。

很遺憾，到今天已十年過去，上面的呼喚並未獲得回應。以至於從助理教授升等到副教授，從副教授又升等到教授，我始終沒有收到任何一位全職的研究生，當然更沒有遇過有志研究的博士班學生。我這「一人實驗室」和「三無堂主」的名號也是名符其實了！

◆　◆　◆

曾有幾位國際友人抬舉，覺得我們的研究還算有些特色，一直以為我領導了一個大團隊在做這些事。當他們知道我從來不開 lab meeting，是因為實驗室根本沒有學生，驚訝地說不出話來。對我而言這不是窘態，而是悲哀。

幸好在系上，長官們還是關注這種狀況。近年不要說整體環境（例如少子化）對高教有巨大衝擊，在牙科臨床領域中，年輕人為了追求飛黃騰達的臨床事業，就更不願意花時間在區區的碩士學位，更別說積極投入研究，促使長官得不斷為這些狀況作出應變。前幾年陽明牙醫學系成立了「口腔生理學組」，希望有更多非牙醫師背景的同學願意報考加入研究行列，我也曾經因此感到樂觀，懷抱本門派即將迎來光明：「看來終於有希望了，也許有同學想研究人腦與口腔功能……」的心情。

答案好殘酷，我還是沒收到全職研究生。更尷尬的是，前幾年這個組幾乎沒人報考，我猜想原因是就業已經夠難了，年輕人豈願意冒險去念這些看來又冷門又沒希望的科目，重點是教授還是個名不見經傳的小人物。不過這幾年這個組卻能年年滿招，也有人文領域的學生報考就讀、參與牙科教學方面的研究（當然是加入其他教授的團隊，哪輪得到我），相信大家漸漸開始重視到牙科不僅是治病而已，許多人文與教育議題也扮演著重要的角色。這也說明一件事：招生，是市場導向的。

◆ ◆ ◆

沒有市場，就注定要三無（或N無）。或許在幾年前我會為此感到氣餒，但經歷多年的「空無」以後，現在我已練就到一種境界，那就是享受空無。正因為我家平日空蕩蕩的，哪天只要來了一位客人都會讓我雀躍不已！這幾年雖然我仍是收不到學生，但三不五時還是會遇到對心智方面研究有興趣的學生，甚至是牙醫學系大學部的學生，希望來討論問題。**儘管我知道，他們終將會回到診所去圓夢，不會踏入我這個門派下，但只要他們願意駐足一個下午，我**

就心滿意足了。

再說，我身為人腦與口腔功能研究領域少有的學者，外加幾篇應該還算不錯論文的作者，並能受到國際友人的抬舉，出版教科書又舉辦會議，幾乎憑著一人之力去完成，也算是無愧領這份薪水了。**儘管我依舊只能一人坐在研究室裡埋首研究或備課，學生依舊從門口經過，並決定放棄這位我這位老師——我更不能放棄我自己。**

你以為大學老師是長這樣？

好幾年前在社群網路流行一種多格漫畫，以「你以為的……」vs.「實際上的……」描述大家對於各行各業的工作認知差異。如果用「牙醫」來舉例，畫面應該會是這樣的：

在「民眾以為的牙醫師」那格裡看到的是端著紅酒，高談科技與美學的時尚名醫形象，但在「牙醫師所認識的牙醫師」的畫格裡，卻是彎腰駝背給人治病，汗流浹背的勞動者。你的想像與我的現實，天差地遠！

我們在大學裡做教學研究，或許也是個不錯的漫畫發想題材，可以來比較一下民眾的普遍印象，與實際上大學老師的「真面目」有何差異。以下就用文字敘述取代漫畫，看看大眾想像中的大學老師和我認為的老師有什麼不同。當然，我的看法不一定完全正確，但可以刺激大家一塊想想，大學老師真的是這樣嗎？又或者不是那樣嗎？

有人以為的：大學老師像公務員一樣，朝九晚五上課，沒課的時候很輕鬆，想做什麼就做什麼！

我認為的：大學老師不是「輕鬆版的公務員」，相反地，這個工作得面對「無止境業績要求的責任制」。

沒錯，大學老師也要按表上課，因為教學是我們的本業，例如助理教授每週要有九小時的基本授課時數。當然，有人可能會嗤之以鼻：「一星期才上九小時的班喔？實在是太爽、太輕鬆了。」事實完全不是這樣子的。因為大學老師肩負學術研究、指導學生以及行政管理的責任，**所以絕對不是「沒有上課的時候，其他時間都沒事幹」**，尤其是這些責任並沒有明訂準則，得扛起來的分量就會被無限上綱。

像是「指導學生」這件事，如果學生論文寫得好，老師可能只要花上半小時就改完，但如果發現錯誤不少，就要熬夜改到好為止。以我自己為例，還記得曾經指導過一位臨床醫師的論文，從那天晚上六點開始修改，然後接到家人身體不適的電話後，趕緊送家人到急診室留院觀察，整夜就在急診室裡批改論文，改到次日清晨五點。

研究與行政的業績更不用說，學校認為要衝高期刊影響係數（impact factor，分析期刊被引用狀況，以呈現其影響力的指標），會要求老師們戮力以赴，不過這些指標又不會告訴你生出幾篇論文就可以過關。因此，沒有「好了」、「夠了」，只有「更好」。**很多學術機構標榜**

「追求卓越」，就意味著無止境的競逐，無止境的提升。

有人以為的：大學教授只是掛名啦，其實都在開公司做副業！有權又有勢，發大財剛好！

我認為的（更是法令規定的）：教師兼職受到極為嚴格的法令管轄，想在教學與研究的「正業」之外發展斜槓，一點都不簡單。

或許，有人會覺得教授們「都是忙著發大財的大人物」，我甚至聽過有民眾感嘆，認為當上教授就是一個踏板，就能成為了上電視、發大財的名人。言下之意，好像上電視、發大財才是教授的本業？事實上至少在我服務的如陽明交大這樣的國立大學，對於「教授拿薪水以外的錢」的事情都極為嚴謹。先說名譽權勢，許多學而優則仕的前輩們在各公會、學會服務，都得接受學校督導管理，**因為名譽權勢可能牽涉各種權力不對等與利益衝突，最需要法紀規範。**像我與國際大出版社合作出版教科書，也受到嚴格的「兼職」相關法規與繁複的公文流程管控。老師若想發展產學潛能，所受到的管控與監督就更多了。

有人以為的：大學教授個個威風凜凜，有事弟子服其勞，眾人莫敢不從。

我認為的：正因為老師們知道自己在特定領域的權威，在面對學生與大眾時更應該謹慎與柔軟。

我認識許多有非常多指導學生經驗的前輩們，他們之所以能弟子滿堂，原因之一在於能細膩地了解每一位學生的需求與難處，特別是許多研究生已經有工作、家庭。我想強調「難處」

這兩個字——因為面臨「難處」的或許不只是學生，也可能是教授。像是教授如我本人就是一邊帶小孩一邊改學生論文，自己尚且焦頭爛額，又如何去要求學生「你嘛就得不顧小孩溫飽，給我專心寫論文？」大家都要將心比心，老師也必須顧及學生的個體差異，體諒每個人背後的血汗與難處。**大學老師不是高高在上的指揮官，我們更需要特別柔軟的身段，去面對有著不同需求的每位學生。**

如同前面所說，不少民眾覺得能在大學教書，就是掌握了至高無上的話語權，特別是透過媒體認識的部分「教授」，所講的話就代表專家旨意，讓民眾對教授的形象產生有些偏頗的想像。但其實在我身邊的「專家」老師們，正因為能全觀地洞析事物，其格局與深度皆與時俱進，**因此在面對媒體或民眾想「求得一個簡單的答案」時，他們顯得更為細膩周全，對自己掌握的知識與話語也更加謙卑謹慎。**

大學老師們如何平衡工作與家庭生活？

這幾年我國不斷有各種呼聲，希望招募年輕有為的優秀學者投入大學教學研究行列，但讓我感到奇怪的是，幾乎提供的誘因都圍繞在研究經費或設備這些「硬體」，似乎忘了年輕人也是有血肉的，許多年輕老師都在家庭與工作間兩頭燒；長官們是不是以為 100% 投入研究教學，才是「追求卓越」的常態？

我曾經和年輕同仁分享，如果將來找對象共組家庭，對方不在學術界工作的話，一定要先向對方釐清學術工作的本質，不然很容易造成誤解。比方，伴侶可能以為「你／妳不是在大學教書？那沒課的時候，可以負責接小孩吧！」或是「大學老師反正也不用加班，晚上洗衣煮菜都由你／妳來分擔」。另一半可能並不清楚我們的責任制是無止境的，很可能突然一通電話來說導生肚子痛住院，你就需要立刻前往關心，會影響自己去接小孩的時間，也可能院辦公室下一個指令要我們繳交論文業績表，你就得加班到凌晨三點，半夜洗衣服還吵到鄰居！

另一方面，學校裡許多教授都是夫妻檔，也常有民眾誤以為這種「學術夫妻」占盡優勢，一起找學生做研究，經費一起算，論文成果也一起算。但事實上這些「一起」都會帶來挑戰，例如學生進度不佳，誰要來負責加強？經費分配不均，夫妻間要如何協調等等。**如果願意去看一個人背後的血汗，去理解「一位好老師，也需要扮演好先生／太太／父母／子女」這件事有多重要，那麼將會有更開心的老師，能造就更偉大的大學。**

五

一天二十一小時

在偉大教育下高喊謙卑的臭汗教師

- 二〇一八年：第二次肺炎住院，被醫生警告不准熬夜。隔年重返倫敦應邀於國際牙醫學研究學會年會中的一場研討會演講（博士畢業後睽違八年）。
- 二〇一九年：籌辦二〇二〇年 IADR 年會的其中一場研討會。本年連續參訪瑞典卡洛林斯卡牙醫學院、香港大學牙醫學院等，為未來找工作鋪路。
- 二〇二〇年：COVID-19 疫情大爆發，導致當年的 IADR 年會無法如期舉行。撕心裂肺之餘，開始撰寫教科書。
- 二〇二一年：人生第一次 RPG 遊戲實作應用完成，作為教學輔助工具。
- 二〇二二年：出版地球上第一本口腔醫學與神經造影教科書 *Dental Neuroimaging* 並獲陽明交大「傑出國際專書獎勵」，同時，在 FutureLearn 平台講授的線上課程獲得全國開放教育優良課程「Moocs 或微學分組」特優獎。隔年，RPG 遊戲獲「教育部教學實踐研究計畫」的績優計畫獎。
- 二〇二三年：連續五年申請國外教職工作失敗，卻在陽明交大待了十年，成為「資深教師」，故寫下本書誌之。

台灣隊！人呢？

念研究所，對許多學生而言有一件苦差事（或福利？），就是參加各種研討會，得發表學術論文或研究成果海報。說是苦差事？或許多數學生不會否認，以發表研究成果海報來說，光是被指導教授催促著做出成果，整理海報內容，就得花上幾個星期甚至幾個月。若說是福利？嘿嘿，如果可以趁著出國參加研討會，順便來趟「XX之旅」豈不是太好了！至於這個XX是什麼，就看指導教授的研究計畫與差旅費如何規劃了，或許是「日本古蹟之旅」或是「浪漫花都之旅」？想來都覺得萬分期待。

等等，**如果我們拿政府補助的經費出國參加研討會，那麼不管是怎樣的XX之旅，都應該是「學術之旅」啊！**更不用說，如果以政府補助名義站在世界的舞台上，那就不只代表自己或自己的實驗室，更是「台灣隊」的一分子！偏偏我目睹過不少「台灣隊」缺席的場景。我的意思是，在國際會議期間台灣隊的海報是貼出來了，但是開始討論的時候，海報前空無一人。

我曾經問過前往發表的學生，搭了飛機千里迢迢地到國外參加國際性會議，還帶來這麼精采的研究成果（是的，我就跑去看了您的海報，很棒啊！），為什麼在海報貼示討論的時候，都沒看到人影呢？

我聽過的答案大概像：「喔，那個外國人講英文我們也聽不懂，其實海報都寫得很清楚，他們自己看就可以了。」這個答案我並不太意外，很多時候台灣學生不樂意做學術溝通交流，都先歸咎是英文的問題。**但我常想，假使現在規定全世界都用中文來進行學術討論，大家是否就會願意積極參與呢？**還是說，其實語言並不是大家缺乏討論熱誠的主因？

還有的理由是：「因為同時段有某某大師的演講，我剛剛去聽那個演講，就沒時間過來和人討論。」這確實和學術會議的場次規劃有關。如果是我，要放棄聆聽某位大師的演講，也是很痛苦的。不過我的認知是「去講解自己的研究成果」應該是更重要、更光榮的一件事。

也曾聽過學生分享自己缺席的原因是「實驗室有活動」。喔，這個我就不方便過問了。不過我對自己的學生和研究助理說：「沒什麼是比你（研究者）本人親自與人溝通討論，來得更重要！」參觀自由女神固然很重要，但我們拿了補助，應該先完成分內的工作之後，再去參觀自由女神吧！

其實這種種現象背後，都牽涉一種「觀點」，那就是我們的學生、年輕研究者們把「站在海報前和人討論」這件事當成什麼？如果把它當成一種「公關活動」，可能就會很緊張，怕自己英文不好無法侃侃而談，乾脆選擇不要丟人現眼。畢竟公關活動嘛，是不能丟臉的！但如果把它當成一種「績效」，講求 C/P 值的話，恐怕更會認為去聽大師的演講對自己更有幫助。與其站在海報前等待其他學者或研究者前來交流討論，很可能四十分鐘過去也乏人問津，那自己千里迢迢跑來這麼大的學術會議，可不就浪費時間、太沒效率了！最後，如果把這些事情當成「領取差旅費的證明」？好吧！這我同樣不意外，因為真的常看到台灣的參展學生貼完海報以後，馬上就來個大合照。反正大合照拍了，就能佐證我們真的有來參加學術活動喔！差旅費補助 get！

我不是想用那種聖人的口氣論斷，好像上面那些觀點都是錯的。好像同學不認真參加海報貼示討論，就是罪大惡極，沒那麼誇張吧。其實我想強調的是，**在台灣常看到學生對於「學術溝通」（scholarly communication）有一些奇怪的觀念，認為那是公關活動，是為了業績，或為了滿足老闆長官的要求，卻忽略了「學者，本來就是一種不斷需要溝通的角色」。**

連高斯也留下筆記

我曾經給同學看一些畫作，包括文藝復興時代醫學家在大教室中現場解剖人體，還有二百多年前化學家與物理學家現場做實驗，並對公眾演講的畫作。這也是學術溝通。沒錯，那個年代還沒有期刊影響因子，但學者們知道科學研究是可以影響大眾的，他們甚至比現代的學者們還更積極，我猜他們大概想的是「我不如現場演示電磁理論給你們看！看到沒？動起來了！」這絕對不是譁眾取寵，而是真心接受討論與批判，因為在現場觀看實驗的任何一個人都有權要求檢視實驗步驟的瑕疵，一切公開透明，都受到公開的檢視。

我常覺得和那個年代的科學家們相比，我自己只是個紙上談兵，躲在電腦前面寫作文的傢伙。學術溝通就是這麼基本，不站到台前去宣講自己與接受他人反饋，那就根本稱不上溝通。也許有人會說，不是每個人都喜歡站到台前的，像達爾文也只是著書立說，並不善於與人爭辯。還有「數學王子」卡爾高斯更是個沉靜深思的人。但可別忘了達爾文絕非閉門造車，他和同時代許多學者都有書信往來；高斯更是留下了無數筆記心得，雖然他大概沒打算把所有發現都一一向世人宣讀，但他並不吝惜讓大家知道這些發現（甚至是超越時代的發現），即便當代的人不理解，也能讓後世的人看得見。

這種「你今天做了研究，就是要與人分享溝通」的精神，是否指導教授有深刻地灌輸給學生？我想是因人而異。畢竟有些資深學者可能覺得自己的研究具有獨門訣竅，唯恐被他人窺其奧祕。也可能有些研究主持人覺得自己的成果還不夠完整，擔心太早曝光會誤導他人。站在資深研究者的角度來看，這些考量都是可以理解的，但我覺得從教育的角度來看，我們應該要做的是更多鼓勵，鼓勵學生「去聽、去問、去講」，因為在求學這個階段，照理講是最沒有「負擔」的，**如果膽怯退縮，覺得與人交流自己的研究成果是一種障礙，那麼我很擔心學生會忽略了身為研究者應有的本質——抱持開放的胸襟，以及樂於與人分享溝通的基本態度**。

這種態度是很難在課堂上教導的。我想資深學者與指導教授的身教，可能比言教更有用。如果今天做為指導教授，一天到晚告訴學生，這次參加研討會記得海報要拍照存證，不然到時候經費很難核銷……卻不在意學生的海報到底貼示那些成果內容，那學生當然會覺得這一切，不過就是演齣戲而已。

又或是告訴學生先不用管自己的海報討論，有更重要的活動要進行。那我們是不是會讓學生產生一種印象，好像參加海報貼示，不過是自己參與學術會議的附帶活動？但我的觀點剛好相反，我認為展現自己的成果、與人交流，才應該是參與學術會議的真正目的。不然，難道學生們要承認自己只是掛個名而已？

最後，我相信大部分的台灣學生有心想和國際學者們好好溝通切磋，但總是卡在「英文」

這件事，沒辦法好好發揮實力。這件事確實不好解決，但我知道一些實驗室，平時老師就已經要求用英文溝通討論，這絕對不只是加強語言訓練而已，而是更深化的一種討論氛圍。我見過海報講解極佳的學生，不管中文、英文的報告都一把罩。因為，重點不在於語文本身，而是樂於分享，積極討論的態度。

人生計算機

不久前，看到有老師分享自己參訪國外大學的牙醫學系後，對我們大學生「基本素養」的一些感慨，例如人際互動的禮貌、學習的紀律、各種習慣素養等等，也讓我想起我觀察到的一些事情，想在此小小分享一下。

◆ ◆ ◆

請容我先講一個小故事。曾有心理學家想發展一種方法測試小朋友有多聰明，簡單來說就是拿很多動物卡片，請小朋友把自己覺得有關聯的動物加以分組。他們先找來住在大城市的小朋友測試，這群小朋友很快地就將兔子、老虎分成一組，蛇、龜一組，蝦子、螃蟹一組，從這裡可以看出小朋友已經有初步的演化與生態的概念，真的好聰明！

接著他們又到部落，找一些（以歐美的水準）認為並未接受太多教育的小朋友，也請小朋友把動物分組。只見這些小朋友們很快地把兔子跟蝦子、螃蟹分成一組，老虎和蛇一組，烏龜則擺在一邊。學者們覺得這些小朋友根本在亂分組，因為完全不符合演化與生態的原理。但這時候有一位細心的學者問：「小朋友，你們為什麼想這樣分組呢？」

部落小朋友迅速地回答：「當然這樣分啊！老虎和蛇這麼危險，一定要馬上分出來；兔子和蝦蟹都是可以吃的；沒有人會吃烏龜的。」

接著這位學者（他／她真是所有心理學家的好榜樣）做了一個很重要的測試。把城市裡的「聰明」小朋友按照演化與生態原理做的分組，拿給部落的小朋友看。部落小朋友看完以後說：「這個我知道啊，兔子和老虎都是媽媽肚子生出來的……但是，怎麼可能會有人想到這樣分啊？笨蛋才會照這樣分組吧？」

所以，誰比較聰明呢？也許城市和部落的小朋友各有聰明之處，只不過他們對於動物的認知有不同的看法。但如果有一天，我在叢林中求生，我會毫不猶豫地向部落的小朋友們學習。

◆ ◆ ◆

當我們看到大學生的一些行為時，我們這些老師也有點像心理學家的角色，應該試著去「逆推」在這行為背後，學生到底在想什麼。比方在教製作假牙的程序，看到台下學生睡成一片，老師就會納悶「這些學生不是牙醫學系的學生嘛？應該要好好學做假牙，怎麼睡成一片？」當我們這樣推想時，已經預設「學會做假牙，對牙醫師很重要」，就如同前面故事中的心理學家假定小朋友懂得演化生態的原理，就很聰明。但這個推想有可能並不是學生認為「重要」的一部分，因為也有可能學生認為，現在都是電腦數位製作假牙，我會寫程式操作儀器就好了，幹嘛去學徒手操作？

過往，如果看到學生有一些不甚理想的行為，像是長期遲到，我們似乎會很理所當然認為這是學生的壞習慣，但若轉念換個角度「難道學生從小就是遲到超人？」不會吧？學測超高級分考進牙醫學系的優等生，難道從小遲到成習慣？「會不會只是他們認為『根本沒必要早起』，反正遲到也是我自己的選擇？」比方，覺得早八這堂課根本無關緊要，將來國考又不考，助教也不會點名當人。經過簡單明白的「計算」後，就覺得遲到又何妨。

「我就是不想當導師！」

會看這本小書的讀者，可能有一部分是未來希望（或現在已經）從事高等教育的工作，能在大學裡安身立命、追尋真理的年輕人。我覺得如果願意在缺乏資源缺乏經費的狀況下，仍願意勒緊褲帶繼續追求學問，這是沒問題的，但我知道也有一部分年輕人因為心中焦慮，而在前往高等教育的學術路上打了退堂鼓，其中的擔憂之一是要帶導生，覺得「帶學生很麻煩，很可怕！」類似的焦慮抵銷了原本對教學與學術的熱誠，也常是意料中事。

想想看，我們三不五時在媒體報導上看到大學生遭遇的種種困境，也是站在第一線的導師們（其中又相當多是年輕新進的助理教授）在面臨的困境。學生從學業到家庭到感情的困擾，從生活的種種負擔到對未來的焦慮，這些所有茫然都可能會尋求導師協助：「老師，我想和你談談……」，也間接把這些壓力延展到導師身上。只不過，年輕的導師可能才比學生大個十幾歲，就要扛著「前輩」的光環來「引領」或「帶領」或「指引」學生，我只能說這太難了，但這又是年輕的導師必須經歷的功課，因此我只能深切期盼，當長官們聚焦於學生的福祉時，也別忘記走在他們前面的、肩負第一線導師責任的年輕老師們。有健康樂活的導師，才會有健康樂活的校園！

◆ ◆ ◆

換言之，我相信大學生很可能比我這位老師以為的，想得還要更深。許多學生表面上的「不在乎」，其實已經是他們細算後的結果：「我幹嘛要在乎？對老師鞠躬有禮，又有何益處（搞不好為了鞠躬，彎腰搞到椎間盤突出）？」上課遲到的代價，利弊權衡的後果，「我自有主張」。

為什麼我說許多大學生並非「不能為」，而是「不想為」？因為當他們「想為」的時候，他們就會做得到！比方參加廠商辦的資訊教育課程時，便興致勃勃、聚精會神，這是因為有了學習動機便有紀律，便能確實展現優等生的最佳風範。但，為何在學校裡就變得「懶散」、「渾噩」？恐怕只是因為覺得學校老師教的不重要，而廠商教得更重要，經過權衡，「決定」要好好向廠商學習，把精力花在更重要的地方。

同樣地，我們也要思考，如果覺得學生不是那麼「有禮貌」，可能是他們展現出某種態度與價值觀的自我主張，但那會不會代表是我們的教育出了問題，才使學生忘記如何打招呼、尊師重道啊？就我所知，許多學生一旦到了醫院開始實習見習，對醫院主治醫師與「前輩」們的態度，就完全成熟懂事起來了。他們並不是不懂禮數的重要。很可能，只是因為學校的老師們「並不是需要花那麼大的禮數去面對」的對象。但主治醫師們，可是未來事業前途的領航者，得罪了主任，將來在醫院可不好混！這才是學生們想去用心面對的主戰場。

◆　◆　◆

說到這裡，並不是想讓老師們氣餒，也不是想讓大家有一種印象，好像學生「很有心機、很現實」，好像只會算計自己想要的，老師諄諄教誨都懶得理。**換個角度想，一位已經念到大學的準成年人，其實是「應該」有自我的主張，能夠判斷事物的價值，當然包括對於「何謂重要」，有自己的判準。**如同部落的小朋友們會判斷哪種動物有危險，遠比了解演化生態的原理更重要。

我想要提醒的是，老師**是否能強化學生進一步的責任感，那就是「如果你（學生）認為現**

在這樣最重要、那樣不重要，那就請為你的決定扛起責任！」如果學生覺得不需要尊重學校裡的老師，只管討好醫院裡的主治醫師，就要為這樣的態度負責。將來假使有一天要找學校教授幫忙寫推薦信的話，恐怕老師的第一印象，就是大家翹課與睡覺的模樣囉！如果學生覺得學習徒手做假牙很無聊，只想去學廠商教的電腦數位流程，也要無悔自己的選擇。試想，假使有一天沒有廠商的支援，自己是否還有能力獨立作業為病患服務？

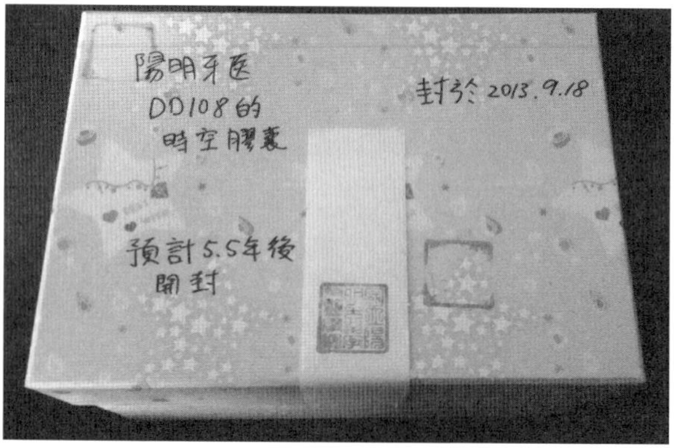

年輕人心裡會想，只是不想讓你知道。

我自己就是一個非常討厭讓別人「知道」的人。從前念大學時，每當有老師請大家舉手表態什麼事，我就低頭不配合。直到有一天我也當了導師，我決定讓他們把自己的想法藏起來。「請大家把對自己未來的想法，寫下來做成時空膠囊吧！」等他們離開學校的時候，再去開啟自己留給自己的小秘密。那是屬於年輕人的小秘密，我不需要知道。

飢餓藝術家的養成

每位老師的教學生涯都會遇到一些特別的學生。這裡「特別」的意思不是指學生有多特別的成就。坦白說，那些成就也都屬於學生，與我無關。

我曾遇到一位學生，他說過的話常常帶給我特別的思考，讓我這個老師有所成長。有一次他問我將來當牙醫，薪水是否足夠支持生活？我先入為主地猜想，他可能是指在蛋黃區購買不動產，買兩、三輛名車，再加上股票撈個幾筆。這不就是年輕人朝思暮想的生活嘛？如果你選擇當牙醫的話，或許……？

但我弄錯了。原來，他想和我討論的生活，只是獨自一個人，養隻貓陪伴自己的簡單生活。我聽到後當下傻眼，因為我從來沒準備好和同學討論這件事。我大概聽說過牙醫師發財以後買哪些進口車，但我從來沒想過什麼是一種簡單的生活。他所追尋的，在我之上。

◆ ◆ ◆

這位同學不僅有很高的藝術才能，也像許多藝術家一樣，對人間世事有深入的體悟。在某方面而言，我們正希望一位合格的醫護人員，就是這樣一位「入世」的青年。畢竟，我們不希望看到教出來的牙醫學系學生只是醫匠，只會像修理鐘錶一樣對待病患的牙齒，而不把病人當一個完整個體看待。我雖然不懂藝術，但聽過類似的道理：藝術家的畫中有故事，有情義；而「畫匠」只是把東西畫得很真實，兩者是有差別的。我這位學生是藝術家，他對世事有特別的體悟。

我們常說，「同理心」的教育很重要，醫者要感同身受，為病患著想，站在病患的角度思考。我相信學生在入學甄試時，大概都會想辦法背出動人的言詞，表現自己強大的同理心與視病猶親的態度。但想想看，如果一個人能同理他人固然很好，但如果體悟或感觸太深，對自己不一定是好事。因此，當我看到一些高中生在申請入學面談時，侃侃而談自己多有同情心，多積極為人付出（例證就是豐富的志工時數），我心裡總納悶著「你們真的作好準備，把他人的負擔攬在自己身上了嗎？」

◆　◆　◆

醫者的教育之一是希望學生成為一個有感覺的人，而另一方面，也要承認「有感覺」是一種負擔。假使我了解病患開刀的痛苦，我跟著一起痛苦？假使我感受病患失去親人的苦難，我也充滿惋惜？也許對資深的醫護人員來說，他們已經可以很好地平衡自己與周遭的關係，做到收放自如的境界，但對於年輕的行醫者而言，並不是一件容易的事。

這就讓我想到卡夫卡（Franz Kafka）的〈飢餓藝術家〉（Ein Hungerkünstler），在這篇怪誕風格的散文中，卡夫卡描述一位藝術家的「表演」，就是把自己關在籠子裡餓得要死不活，供人參觀打賞。

畢竟是大文豪卡夫卡，想像力實在太豐富了，怎麼會有人要做這種表演？又有誰會去看？我猜想，藝術家可能想激發觀者的同理心吧！當看到飢餓藝術家餓得死去活來，人們便可以透過感受那強烈的情緒，甚而產生同感。特別在富裕的社會中，「感受飢餓的難受感」正是飢餓藝術家想帶給觀眾的心理刺激，一種與自身優渥生活對照的反省。

◆ ◆ ◆

那飢餓藝術家本人呢？難道他自己對飢餓已經感到麻木？我想許多工作的本質，就是在面對苦難吧！就連牙醫師也不例外。我常對學生說，你們拉開鐵門看診，面對的就是身體感到難受，甚至影響到心理不爽的病患。有可能是假牙脫落不能吃東西，或是牙痛得要命睡不著覺。大家做好面對苦難的準備了嗎？

我們到底是把病患的苦難，當作「另一個尚待解決的 case，修好以後請到櫃檯刷卡付費」，還是正視這種苦難？甚或把這種苦難承擔在自己身上，人饑己饑？

◆ ◆ ◆

我相信我們現在的教育，還沒有為這些「未來的飢餓藝術家」（學生們）做好準備。我們所有的教學是以培養仁心仁術的醫護人員為宗旨，這點很正確，但那不會是唯一的宗旨。如果說仁心仁術是利他的最高表現，那麼我們是不是忽略了「利己」的部分？我所謂的利己是「保持自己身心健康平衡」，這才是所有利他行為的重要前提。這也反映在最新版的醫師誓詞（日內瓦宣言）中，增加了我認為極為重要的一段：“I will attend to my own health, well-being, and abilities in order to provide care of the highest standard” 雖然我相信總有人會說：「啊就等薪水入袋以後，自然會充滿健康幸福啦」，**但請不要低估年輕人面對苦難時所受到的衝擊。畢竟，並不是所有人只要看到銀行存款就會破涕為笑的。**牙醫師的養成和所有醫護人員一樣，正因為未來總是面對苦難，我們更需要幫助他們內心充實平靜。

一群人走，才會快樂

當我在國立陽明大學升等教授後沒多久，這所學校就「沒了」，至少公文上，這六個字消失了，變成了一所字數更多也更偉大（greater）的學校：「國立陽明交通大學」。

從那時起，我常開玩笑說，現在可是民國二年了，不能再叫宣統四年。現在我們成了國立陽明交通大學這所新學校的職員，不可以再像以前一樣留著「辮子」。這是新時代、新希望的偉大開始，應當振奮歡呼！

但，口號並無法製造喜悅。不，**我不認為老師們會因為換上了新的校名與校徽，就覺得一切都更新了。大家心知肚明，我們還是得面對那些柴米油鹽醬醋茶的事。**比方，當我們申請計畫時，從點選「國立陽明大學」或「國立交通大學」，改成了「國立陽明交通大學」，但還是一樣擔心計畫能否過關！這場景如同清末民初改朝換代一樣，老百姓只是把店鋪前插的旗子換一幅。門面換了，不代表生意就更好。

還是，這一切不只是換了門面，而真的有什麼「實質上」的變化？

◆ ◆ ◆

早在長官們擘劃合校之初，就看到很多人在談合校後會有多大的利益。我最常聽到的莫過於「有更多交流，更大的計畫」，或是「產官學研統合、彙整、統整」等或類似的動詞，凸顯出強強聯手的超強氣勢。但這些話聽在我們年輕學者耳中，總感覺不是那麼切身。畢竟，某學院與某中心簽約，某機構與某單位聯手，那也是長官們的擘劃啊！邁向宏大目標的，畢竟是長官與資歷厚重前輩們的偉大願景，至於我嘛，倒只有擔任過這類偉大典禮司儀的經驗。

合校這種事，大抵就是長官與前輩們在那裡「高來高去」的事。這與渾身臭汗（而且到現在還沒收到學生）的我根本無關吧。我呢？還是乖乖地想想怎麼好好教學，好好把自己的心得集結成書，好好做一些遠距課程自娛娛人。我的這些事情不會有人關心的，因為這些事情一點都不「偉大」。

不過很快地，我發現我做的這些「不偉大」，竟然得道多助，最後還因為合校後的種種契機，進行得更順利。這裡就舉兩個例子，其一是透過合校，我才知道原來國立交通大學對經營國際高等教育的相關培訓，早已行之有年。原來，我們身在台灣的高教現場，仍有機會能與國外高等教育的理念與實踐接軌，接受一系列講習、討論與實作的鍛鍊。當我收到學校寄發國際高教培訓的通知時，其實也是半信半疑，因為過去在陽明並未有類似的活動。如果說，我是為了什麼崇高的目標去參與，不如說是一種「反正這是合校以後才有的機會，就去用用看吧」的心態驅使。就這樣我和系上另一位同仁，變成了牙醫學系（也是台灣牙醫界）首度取得英國國際高教學會資格的老師。

另一個更務實的例子，源自好幾年前我的一些課程就透過當時交大 ewant 育網開放教育平台公開講授，當年我應該也是台灣牙醫學系老師最積極從事線上教學的例子。但當時讓我較苦惱的是，因為陽明大學本身並未和國際線上教育平台簽約，所以我們的課程始終走不出華語圈。話說我的研究與教學已經夠冷門了，華語地區沒什麼學生理睬，我自然想看看是否有機會往國際拓展，讓世界上有相關興趣的同學一起來學習。

合校後的一次偶然，我寫信去問學校的高等教育開放資源研究中心（負責規劃及推動 ewant 的單位），才發現原來交大早已和國際線上教學平台簽約，老師可以將課程公開講授，與全世界的學生分享。這下子我就忍不住了，立刻把我那些在台灣冷門又沒人想聽的東西通通端出來，還透過該單位同仁精湛的錄影後製功力推出線上課程，之後更獲得台灣開放式課程暨教育聯盟（TOCEC）2022 年的特優獎（全國兩名）。最讓人開心的是，每隔一段時間就會見到世界上各個角落的學生上線學習！

到目前為止，眾人對合校的期待仍聚焦在那些「期望值」。比方招生排名、經費等各方面，那似乎是可以事先透過精算去預期的。**但有沒有可能更多好事是來自意料之外，並非來自「合校企畫書」或「預定績效表」？**

大約二〇二〇年 COVID-19 疫情大爆發之初，我與幾家國際學術出版社聯繫，提出一個出版計畫，希望將我這個口腔功能與腦功能冷門領域的種種加以彙整，或許可以寫出在這個「地球上第一本」類似主題的專著。很幸運地是在聯繫第二家出版社 Wiley-Blackwell 時，對方就表達了對這個計畫的興趣，我想這會是一場長期抗戰，所以很需要聽聽學校同仁與前輩的意見，但顯然我做的是一件很奇怪的事：如果是學術出版，但我又不是發表 *Nature* 或 *Science* 那樣頂尖的期刊上，這好像不是研發處管轄的範圍，我便轉頭想，這算不算一種產（出版社）學（大學）合作呢？產學中心也沒肯定的答案。所以一如往常，我這個流浪狗又開始四處亂竄，到處問怪問題找不到答案，更別說來自校方分毫支援。

幸好上帝不曾讓我的雙手停歇（只是老花眼更嚴重了），兩年多後我還是完成了這本著作，但自己不免有些擔心，擔心自己如果領了出版社的稿費，會不會還變成「兼職行為」？原本只是希望傳道授業才寫書，會不會反倒變成是嫌薪水不夠、去賺外快的行為啊？很詭異的是，明明學校希望大家能增進國際合作，希望學者老師們努力發揮影響，但我做的事情（出版教科書）好像給行政單位的同仁們添亂了。於是我又到處亂竄亂問，經過了一段時間與行政單位的切磋，弄到公文要直抵校長室，直到收到了「校長決行」四個大字才敢放心。我很清楚這樣一本名不見經傳的小書，根本不可能成為合校後偉大KPI的一部分。**但正因為這意外的一波，讓我想到年輕老師如果要著書立說，也同樣需要同仁的緊密支援。誰曉得呢？或許有一天陽明交大會在出版國際教科書這塊，建立起最棒的團隊！**

◆ ◆ ◆

有一句老話是說，一群人走才走得遠。我會說，一群人走往往比較快樂。合校後我們形成了一個更大的「群」，例如接受國際高教培訓與開設國際線上課程，就是因為同仁們一起努力，成就這麼快樂的一件事。相反地，一個人默默熬夜寫書，雖然也可能達到目標，但就要承擔起單打獨鬥的艱辛。無論是對我，或是對年輕老師而言，合校帶來的應不只是更大群，也是「更快樂的一群」。

擠身大師之列？

就是這本*Dental Neuroimaging: The Role of the Brain in Oral Functions*，讓我有這個榮幸把自己的著作，放在陽明校區的教師著作區中，和其他前輩們的大作並列。我知道大概不會有學生去借閱這本書，但期待現也在靜靜地躺在牛津大學、香港大學、多倫多大學等等校園圖書館裡的它，總有一天會被人借出，欣喜地與書中知識相遇。

大學師父的面子與裡子

電影《一代宗師》裡有一段劇情讓我印象深刻——江湖中人在討論「面子」與「裡子」，說一個門派要有聲威顯赫的「面子」，也要有不動如山的「裡子」。雖然這部電影描述的是武學的故事，**但在我看來和學術界的這個「江湖」有異曲同工之妙！**

就說我們教授們都喜歡高掛自己的大名，成立「某某某實驗室」。例如「林嘉澍教授／時空連結體動力學實驗室」，一聽起來就很威，超有「面子」。這個招牌掛上去，或許就能吸引到弟子投入門下也不一定。但學生進來了，就是要考驗老師「裡子」的時候。假使我啥都教不出來，甚至只會搞一些造假抄襲的名堂，例如偷拿其他實驗室師父們的成果，說是自創招式這類「敗壞武德」的事，那我這位師父的「裡子」不要說是被同行，也肯定會被學生看破手腳！

◆　◆　◆

說到這裡，不知道有沒有人覺得奇怪，學者們就是求真求實，一定是要有「裡子」才行啊！這有什麼好擔心的，所謂「有幾分證據，說幾分話」，所以「面子」應該只是「裡子」衍生的結果。比方因為研發出新成果或發表了重要論文，於是開記者會發表、登上學校官網首頁等，都是合乎邏輯與學術倫理的。我過去在學校服務十年下來，不乏同仁因為學校的積極鼓勵，越來越願意展現自己的成果，把「裡子」轉換成「面子」。就拿現在陽明交通大學的官網來說，幾乎每隔幾天就是新的重要產學成果發表，或是個人或團體獲獎的喜訊，這種分享學研成果的做法也並不獨見於我們學校，各校皆然。**當前的學校經營趨勢是「面子」很重要。如果你有「裡子」，又為何要藏起來？**

但我常覺得，過於重視「面子」的結果，往往會讓看的人只看到好的一面，卻忽略深耕內裡。固然面子對外界有正面的影響力，能獲得更多曝光，自然是好事一件，**但對於研究者而言，卻要留意不能被面子迷惑，反倒忘記「裡子」還有缺失與不足的地方**。假使學者自己嚮往面子，享受完媒體的曝光與掌聲，就忘了研究實質上的缺陷與限制，那就是非常危險的事了。因為科學研究的基本精神就是自我糾正，我相信練武也是一樣，如果一代宗師被人捧得高高的，就忘了自己招數中還有破綻，那這宗師的寶座恐怕也危在旦夕了。

◆ ◆ ◆

就拿我自己來說，我在二〇二二年前後，因為疫情的緣故，先後做了一些教學上的努力。首先是撰寫英文教科書，希望把口腔與腦功能的一些道理彙整起來，和全世界有興趣的學生一起分享。再來就是發表網路課程，透過學校的高等教育資源中心協力，在國際教育平台 FutureLearn 發表開課。最後就是執行教育部的教學實踐計畫，把上述有關臨床與心智功能的議題深化，製作數位遊戲軟體做輔助教學工具。我常說，這是我的「三隻箭」（教科書、線上課程、遊戲輔助教材），希望由裡到外讓口腔與心智功能議題能在教學場域中發酵。

雖然這一開始只是我小小的願想，但很意外地這些努力的成果都獲得了不錯的成果（面子）。我那本小書不但是第一次由國際大出版社發行的相關著作（可能也是台灣牙醫學系老師第一次發表該主題的專著），也獲得學校的國際化研究成果「傑出國際專書獎勵」。我的網路教學課程「Brain, Behaviour, and Dentistry」亦獲得二〇二一年「全國開放教育優良課程」特優獎（該年度全台灣僅有兩名獲獎），而且根據教育部教學實踐研究計畫製作的數位遊戲，也獲評為一一〇年度績優計畫（台灣牙醫界唯一一位）。只可惜我是一人實驗室，不然應該要請研究生幫我在門口貼幾張紅紙報喜吧！

這樣有很威嗎？我是不是該在臉上多補一些粉？

◆ ◆ ◆

我常覺得我這個年代的學者，就像武俠小說或電影裡的師父們一樣，經常要想著如何妝點門面。去某個武林大會揚威一下，去某個場合吆喝幾聲，時時刻刻要考慮自己的「面子」有沒有做大。我其實不反對年輕老師們去追求面子，畢竟，上至長官下至學生，還真的滿看這面子。但我想說的是，**學者最可貴的態度在冷靜自重，就算別人歡聲雷動，我們也不會隨便飄然起舞。**

因為「裡子」永遠是現實與冷酷的。比方，我不是剛剛才「炫耀」我寫了專書有多突出？但到去年底為止，這本書全世界的銷售量非常低，低到我懷疑出版社會不會捶胸頓足，相當懊惱和我這個名不見經傳的菜鳥合作。就這點而言，我的裡子是相當失敗的。如果今天真的想傳道授業，大部分 YouTuber 的閱覽流量都是我這本書銷售量的幾十倍。所以我真的達到我的目標，引起學界重視了嗎？答案是非常令人失望的。面子光彩，裡子失敗。

再說我的網路課程，其實直到我寫這篇文章的當下，修課人數仍然非常少，很顯然因為它本身是一個比較跨領域且冷門的主題，也和一般的證照考試無關。所以從上課流量來看，也並不成功。又是一個面子光彩，裡子失敗。

最後是教育部計畫雖然獲獎，我也將這些軟體應用在「行為牙醫學」這門課，可就在我使用軟體進行教學的那一年，這門課的選修人數也驟降（希望不是因為遊戲太無聊的緣故），對經營一門課已十年的我而言，也是一大打擊。再度面子光彩，裡子失敗。

◆ ◆ ◆

當然，學校長官們看待這些事有他們的觀點。「面子」就是要做出來才會被看到啊！但這往往是考驗一位老師（或者武家師父）最要命的關鍵時刻：就算觀眾不會刻意戳破我的面子，**我自己卻要清楚明白自己的裡子有多少斤兩。不管教書研究或教人練拳，道理應該是一樣的。**

世界排名第一的牛津大學醫學院，丟了面子？

當我在牛津 John Radcliffe Hospital 留學時，注意到鼎鼎大名的牛津大學醫學部門牌就這樣給人放在地上，無人打理好幾個月，就是沒有人去維修。但我們不會因此減損對這所機構的崇敬。若發生在台灣，當初掛牌典禮想必轟轟烈烈；萬一牌子掉下來了，可再舉行第二次掛牌典禮，再轟轟烈烈一次，方為上策。

抱歉，我下午四點以後要去上晚班

到了二〇二三年的此刻，我已經成了在學校任教滿十年的資深教師。「資深教師」這四個字不免讓我充滿信心，感覺自己可以開始留起奇愛博士（Dr. Strangelove）那瀟灑的後梳髮型。或者更精確地說，就算我留著那種髮型，也不用擔心被人指指點點了吧？畢竟，「資深」意味著可能當上行政主管或是掌握權力。咳，有人對我的髮型有意見嗎？

上面關於留著特異髮型的這段話，只是我當年還是博士生時的遐想。而我相信，在大學工作超過十年後，便能體認到當上主管或參與行政事務，不但不是什麼讓人充滿自信、傲視群倫的事，實際上應該恰巧相反。因為在大學自治的前提下，「管理」意味著與一群優秀的同仁，在共治之間取得平衡點，絕非易事。至少我所遇到的長官們，在會議中幾乎得花上所有的時間聆聽教職員與學生的意見。**那種由天才領導人一聲令下，所有人就像工蜂一樣開始行動的場景，**

或許會出現在世界級的大企業中，但不會出現在大學的工作會議裡。

◆ ◆ ◆

這導致一種很有趣的現象，且一般不熟悉學術圈的民眾可能感到非常詫異，那就是許多大學老師不但不會積極去爭取行政職，反倒擔心扛下行政工作以後，會分散太多自己教學與研究的時間資源。很多時候老師的態度就是「等」。等到累積了一定的年資與經歷，自然要（或沒法不）從前輩的身上接下這份責任。當然，假如行政工作本身對於自己期待的教學與研究成果有相輔相成的效果，那可能會激出更熱切的火花。比方一位老師希望在教學上有所突破革新，那麼擔任教務方面的工作，可能有助於推動這些想法；本來在國際合作研究上有相當地位的老師，對於從事國際學術交流的業務，就會比較得心應手。

我自己算是很幸運也很不幸，雖然我自己能力不夠，但學院裡大小職位出缺時，我的名字都曾被提到過，至少表示在前輩眼裡，我被認為是能扛起責任的人；但無奈我實在無法同時「兼差」來執行這些行政業務，我說兼差的意思是，我已經有了「兩份」工作，沒辦法再扛第三樣了。

◆ ◆ ◆

一所大學裡身兼兩種工作的老師，比我們想像得還多！許多老師既要從事大學教學研究的工作，還要肩負「管家」的工作。就拿我自己來說，我常開玩笑講我二十四小時與小孩為伍：

一半時間在教別人的小孩（學生），剩下時間在管自己的小孩。當教別人小孩時，我開口閉口就是牙科與神經科學那一套東西；當教自己小孩時，當然又是另一套東西了。

這套「隱分身之術」，很明顯地得反映在老師的時間管理上。許多年輕老師像我一樣，每天一大早就會出現在辦公室裡，這絕對不是因為我們勤勞，而是因為剛送完小孩上學，「順路」到辦公室來。換言之，我只是從執行管家的工作，切換到執行老師的工作，但始終在工作！到了下午四點以後，我們又要切換回管家的角色。這時候我們可能要暫時中斷與學生的討論，或非常高效率地向助理交代工作，然後繼續「上班」。沒錯，下午四點以後改上「管家」的這個班，執行接送小孩、洗澡、晚餐、刷牙、罵人與蓋被子這些業務。

◆　◆　◆

所以，對許多年輕成家的老師而言，根本沒所謂上下班這種事。更大的壓力來自於這些工作角色的切換還是非線性的。誰說早上七點到下午四點就可以專心從事教學研究？我曾經在早上十一點一下課就接到幼稚園的電話，趕在中午以前從學校衝回新北市帶小孩去看病。又誰說下午四點以後就可以當個稱職的老媽、老爸專心照顧小孩？我們都曾有過臨時接到學校教官的電話，一聽說自己的導生急病住院，馬上放下家務前往醫院探視。「下班」對我們而言，是一種不存在的狀態。

當然，這種兼顧家庭與工作的日子，不僅限於年輕成家的老師，我相信許多老師與每位汲汲於生活的朋友都有自己的家庭故事。我常對學生說，**你們一定要記得每一個人都有「面前」與「背後」。你或許沒看到別人背後的血汗，但不能說這些血汗不存在！**許多老師看似單身貴族或孩子已經獨立，但也是扮演多重的角色。我們以為這些老師下課以後就輕鬆悠閒，但怎麼知道人家是否還要照顧年邁的雙親？更進一步地說，**我相信各行各業中都普遍存在著一群時時刻刻不斷在各種角色間變換的「多重上班族」！**他們在公司上班（賺錢養家），回家上班（處裡家務），在醫院上班（看顧親人），從未下班。

◆ ◆ ◆

把這些幸與不幸加加減減，我覺得我還是幸運居多。原因在於我們牙醫學院的長官和同仁，都懂得這些世故人情。我們的長官們並不是那些大企業的強勢領導人，只要一想到什麼創新偉大的方針，就使喚所有員工必須齊力以赴。不，很多時候我們就是無法齊力以赴，因為我們還需要花費自身另外一半的力氣，去做另一樣工作。我很幸運地遇到通情達理的長官們，**我更希望牙醫學系的學生，他們未來很可能成為領導診所或醫院的長官，能夠明白每個人「面前」與「背後」都有血汗。**

如果沒有排名，怎麼知道我們多偉大？

在陽明與交通大學合併前，曾有一句校園流行語，大概的意思是指兩所國立大學合併後，將會成為一所「偉大大學」。偉大，這兩個字是形容詞，代表著合校後的願景；但顯然不是合校以後，陽明交通大學「就是偉大」。或許，我們可以從動詞的角度來思考：陽明與交大合併以後，如何才能「變偉大」？

在心理測量理論有一種說法，簡單來說，是指如果我們想定義什麼是「智力」，需要先了解「智力測驗」到底怎麼做，也就是說「智力」就是智力測驗的結果。這話聽起來頗微妙。那我們再換個講法，測驗就是一種操作型定義，如果沒測出成績，就會無法得知那個人有多聰明；同理可推，在高等教育中經常提到大學排名，似乎讓排名本身也變成一種操作型定義。想知道這間大學有多偉大？看排名囉！

◆ ◆ ◆

我自己就是個排名迷。對，而且不只是注意媒體報導排名，我還會去注意幾家重要排名機構的訊息，是不是每年這時候又要公布哪個排名，哪裡又有新權威數據等等，只是我關切的是自己學科領域的排名，例如世界牙醫學院的排名，或是國際上頂尖神經造影學者的排名。**我恐怕比許多老師和研究者更「俗氣」——我還去分析我自己覺得有用的排名！**每隔一段時間就會對我自己的研究主題，搜尋世界主要學者發表的文獻來進行排名，確認在這個領域中，我已經被多少人追過去，還有我是不是追過了那些人。

事實上，我甚至鼓勵學生與年輕研究者應該多了解排名。除了「知己知彼」這種戰略層面的意義，更重要的是透過了解排名的方法與規則來獲取研究技巧，例如善用圖書館學的知識，深入了解學術期刊運作的機制等等。此外，對拓展人脈也相當有用處，例如我在觀察世界牙醫學院排名好幾年以後，就開始訂立未來國際合作的目標。我不會因為我自己的研究領域在台灣被當成冷門漠視而遺憾，相反地，我將自己的視野放大放遠，留意到其他國際學者也和我一樣有相同的興趣，所以我會做好充足準備功課、自己掏腰包買機票，主動積極地參與國際交流活動，向學者專家交流取經，而這些學者都是來自世界排名頂尖的牙醫學院。**其實，我覺得自己非常渺小，但如果能接近「偉大」，好像自己也更有信心了！**

◆　◆　◆

我相信對於年輕老師而言，這種「偉大感」是很重要的。如果我們的年輕學人到國際研討會議裡上台報告，一秀出國立陽明交通大學的校名，卻見到台下的國際學者們一臉漠不在乎，或是流露出「怎麼還沒輪到哈佛的大師啊！」的失望感，那我們心裡感受肯定也好不到哪裡去！當然，我並不是說我們的老師只要靠著學校的偉大招牌就可以享受掌聲。相反地，學校的偉大名氣正需要年輕的一代去磨亮。

從另一個角度來看，如果總讓年輕老師感覺學校不夠「偉大」，會不會反而挫了他們的鬥志，又怎能激勵大家去繼續奮鬥，讓學校「更偉大」呢？我相信，排名並不只是一種冠冕，不只是為了給媒體作文章，好像哪個學校稍微領先另個學校幾個名次，就足以大書特書，逼著大家非要爭個你死我活才是。排名的效用遠不止於此，它有更實際的作用——就是讓年輕老師覺得「與有榮焉」，感受到自己學校和哪些學術機構在伯仲之間，自己又是處於哪個「等級」，並且肩負著維護這樣學術榮譽的責任。如果用武俠小說來比喻，就像是華山派雖然還不是少林、武當那樣的天下第一門派，但總歸也是旗鼓相當，走出去就是有名門正派的氣勢。

◆ ◆ ◆

只是，**這幾年或許因為各種排名與學術評鑑越來越多，對於各項表現的解讀越來越精細，反而使人感到心浮氣躁，對於那種「我就是名門正派」的堅持與底氣，不但沒有被加強，反而受到動搖**。比方，當我們覺得自己在某些領域的表現應該相當不錯的同時，卻發現自家排名居然被某些機構追過去，這就很容易造成我們心裡出現兩種分裂的態度。我用「分裂」兩字或許有點誇張，但這種內在態度的拉扯是很常見的。

有一種態度是依舊堅持自己很棒，然後開始質疑那些排名，認為排名機制有欠公允，尤其對我自己不利，再來就是主張「反對這些排名指標，根本不用理睬」。像是我就認為，陽明交大參考的領域權重引用影響力指數（Field-Weighted Citation Impact, FWCI），對我這個專做冷門研究，一篇論文發表出來只有幾位好朋友特別關心的「小眾」，是很不利的。那我是不是可以大聲疾呼，說比較引用數對我們這些跨領域研究毫無意義？不過，我也可以豪氣地說，關心我那篇論文的人雖然寥寥無幾，但他們可是QS世界大學排名（QS World University Rankings）前三名牙醫學院的院長喔，能說我沒有影響力嗎？因此，假使我因為排名分數不漂亮而全盤推翻FWCI指標，推翻世界排名的有效性，那不就陷入了自我矛盾——我不是沾沾自喜地說「世界排名前三名牙醫學院的院長」都認識我的研究？可見我還是很在乎排名啊！

另一種態度則是認為如果排名指標不夠高，那咱們就想辦法把它弄高，不然會覺得自己不夠偉大，不算名門正派。有時排名成績不盡理想，我們才察覺自己原來「沒那麼厲害」，再來就是各種檢討、追究為什麼會被別人超越，「是否做錯了什麼」，然後努力想找出可以提升排名的方法。舉例來說，如果是因為國際合作不夠多，那就想辦法把每篇論文都掛一個外國人的名字；如果是學術聲譽不夠強，就把每一場會議都冠上「國際」之名，還放上與哈佛、劍橋學者們的大合照。更有技巧的是參考成功的案例，看人家如何衝高排名，我們也依樣畫葫蘆。直到排名變好看了，才有「自己又回到偉大的行列中」的安心感。

上面講的兩種態度，一種是完全否定排名，二種則是萬事以排名為尊，或許都落入某種極端。很多人會說，解決方法往往就是在這糾結中找到一個平衡點，當然，如何求取一個平衡，可能正是最需要考驗長官智慧的一件事。

我們只差了一個「口號」

我常說牙醫界開業有三個大法寶：植牙、矯正、美白，合稱為「植矯美」。而牙科研究領域也有三大法寶，就是大數據、AI、數位，簡稱「大A數」，感覺就像是取「口號」一樣，如果有人問教授在做什麼研究，對方回答：「我是走大A數那塊的……」，一聽就是響亮的熱門題目，好似很容易拿到計畫，學生搶著拜入門下吧？

我也曾經當過好幾年開業牙醫師，因此我會說「植矯美」並不只是口號。儘管有牙醫師靠這三個字發大財，讓有些人感到忌妒，但我倒是從來沒有這樣的想法，我覺得我們應該把重點放在病人的牙齒矯正美白後，是否覺得更幸福（即便我自己不會這些技術，我也賺不到那個錢）。如果答案是肯定的，那麼植矯美就不只是賺錢口號，而是有實際用處，是能讓病人因此感到幸福的技術。

◆

◆

◆

學校裡也有許多「口號」。當年陽明 1.0 版的「仁心仁術、真知力行」校訓，到 2.0 版常用的「Second to None」（無與倫比），到合校後 3.0 版的「偉大大學」，**我會說這些都是口號，都是文字效果，但假使這些口號真的帶動同學或老師更積極努力，那就是大有用處。那麼，這樣的口號便永遠不嫌少。**

舉個例子，這幾年在學校裡最常看到的關鍵字就是「永續」。如果說科技部計畫按上「大A數」關鍵字就容易受到青睞，那我想提什麼和「永續」有關的計畫，校方應該也會特別給予關愛的眼光吧！嗯……不如來個「永續食堂」或「永續籃球」，或許就有機會登上學校的官網首頁。

但「永續」這個口號是真的有用，且我常覺得它可能是我們這個世代最迫切需要的一件事！像是教學這件事，我們真的需要永續！在這幾年 COVID-19 疫情的肆虐下，大家已經看到了傳統大學教育方式的脆弱，一下子實體上課的「教室」成了群聚感染的溫床，大家紛紛轉遠距教學，表面上這是教學方法的改變，但精神上，這就是一種「永續」——不管外面病毒如何肆虐，我們繼續學習。我曾想，如果要發揮永續精神，我們可真要想想在面臨疫病與戰爭、經濟崩潰，甚至末日場景，我們的教育是否依然能延續。而我還曾想過如果電力和網際網路中斷，只能靠著太陽能發電，我是否能維持一個火腿族電台來進行教學。當然，如果那天真的到來，應該沒太多人還會在意人工植牙相關的微生物學。但，至少我們還可以提醒大家如何用嚼樹枝來清潔牙齒，那是在許多國家流傳已久的口腔保健方法，也是個資源永續的方法。

在我看來，永續是一個美好的口號，也是有用的口號。但我總覺得陽明交通大學以及其他優秀學府，在不斷追求更高更遠的口號時，少了什麼。

◆ ◆ ◆

話說我在幾年前開始用軟體製作一些簡單的類似 RPG 遊戲，想激勵大學新生產生一些更高更遠的夢想，結果這遊戲越蓋越歪樓，還讓我突然頓悟且發現，對大一新生而言，教他們有哪些口號很偉大，並不是最重要的。真正重要的反倒是認清自己的「不偉大」。換句話說，我們應該讓大學生懂得謙卑，**更重要的是，讓大學本身變得謙卑**。

「謙卑」如果是一種口號，那這口號是我們最欠缺的。

我後來根據這個想法，做了一個只有兩個場景的小遊戲"We Uni"，遊戲場景設定在幾十年以後，那時全世界的學校都在大合併，不只陽明與交大合併，連臺大和全台灣的大學都合併了，甚至連哈佛、劍橋都合併下去……。這樣組合出來的恐怕不是一般偉大的大學了，而是比偉大還更偉大的超級無敵偉大大學。在這樣的大學中，喊那些普通的口號，哪能滿足對其權威與聲望的期待？

◆ ◆ ◆

在這樣一所學校，教授們都覺得自己是無所不能的，反正學校太偉大了，什麼獎都拿得到；學生覺得自己很偉大，認為所有課程安排應該要聽學生的；家長們也覺得自己很偉大，家長會應該成為學校行政任命的最高指導單位，至於校友會，當然就更偉大了，不是嗎？等等，以上這些是純想像，當然不會發生。但倘若真有這麼一所偉大大學，最後要攻克的目標可能是最困難的，就是變得「謙卑」。這邏輯乍聽起來有些詭異，**可是正因為整個學校在各方面都邁向卓越，在只能不斷偉大下去的道路上，謙卑的精神卻可能會是第一個被拋棄的。而這是我們身為教育工作者（機構）必須維持的本心，需要時時警惕。**

不過，我很期待那一天，當「謙卑」被提出來當成一種口號時，也許那就表示，我們已經偉大到不行了！

不過哩，還是難以讓人想像－這裡在50幾年前
，可是個國際一流大學哩！
現在雖然不是鬼屋，已經變成廢棄物堆放場了。

We Uni 的遊戲圖片。

這個只有兩幕的小遊戲，描述一群未來的大學生去探索已經成為廢墟的古老大學。學校就像人一樣，有起承轉合也有生老病死，有高峰也有低谷。

充滿詛咒的畢業贈言？

近幾年很流行畢業典禮要辦的盛大光彩，讓年輕人有一種奮發出航的榮譽感。也難怪，現在畢業典禮已經變成始航典禮，我們要強調光明遠航的那一面，眼睛望向地平線另一端的金銀島。

但在我大學畢業時，與其說充滿榮譽與光彩，心中更多的是焦慮與擔心，因為馬上就要獨當一面去面對病人，面對這個稀奇古怪的世界，不再有爸媽老師的保護，心裡其實是七上八下的。我們不敢奢望前往金銀島，只求別惹事瞎搞，就謝天謝地啦！

我已經忘了自己當年畢業時講過哪些感言，不過，現在我成為「贈與學生畢業感言」的人，這事可能比自己畢業時講感言還要難！一方面，我擔心如果我講得不好，只是老生常談，學生會覺得毫無用處。另一方面，我又怕自己講得不對，萬一學生真的聽進去了，會不會影響他們一輩子，反而害人？所以每次要我跟學生說些畢業感言，我心情總是七上八下的。

好幾年前，有學生找我錄影，說要拍老師講些鼓勵的話。我想了又想，決定講一些比較不中聽的話。原因是在那種光彩榮耀的畢業場合裡，太多正面的鼓勵，恐怕大家都聽膩了，我不如反其道而行，講一些比較黑暗的。我開玩笑地說，要給學生來個善意的「詛咒」，講的都是「不要」的種種，希望學生踏入社會後，能謹守「三不要」：

一、**在職場上，「不要」想成為一個萬人迷或人緣王**：咦？如果到醫院服務，誰不希望自己是萬人迷？同事緣好、病人也愛得不得了，豈不美事！但我卻希望年輕人不要太快有這樣的境遇，原因是一個人越受愛戴，就越可能陷入「上帝情結」而難以自拔，越可能變成過度重視人際關係，甚至總想辦法討好人。這絕不是好事，尤其是不能總想著討好病人，只想成為大家眼中的明星。一旦有這種想法出現，就可能讓年輕人的「醫道」走上歪路。

二、當大家開始磨練出自己的臨床能力後，我希望「不要」成為大家眼中天賦異稟的神醫：**不要相信自己是「天生」就適合當牙醫（或任何工作）**。當然，有當牙醫的天分是件好事，但我覺得不需要的是那種「我就是比較會」的超凡自信。一個人如果太過仰賴天賦，往往後天就疏於勤快。牙科和所有醫療工作一樣必須面對科技的日新月異，今天這項技術我有絕對的天分去施展，可以高枕無憂，但明天新的技術出來，也許就不是我在行的，那時候照樣要和大家一樣勤學。一位年輕醫師過度自信，並不是一件好事，能發現自己的天分是有侷限的，知道自己有所不足，才是有助於自我成長的好事。

三、最後一件事，可能會引來很大的爭議。那就是，**我希望我們同學畢業後進入職場，「不要」很快成為長官眼中嘉勉提拔的對象。**這句話我肯定同學們不會領情，誰不想年紀輕輕就成為主任眼中的強者，成為明日之星，成為未來科部的繼承人？這當然是年輕人應有的進取心，但我不希望大家過早獲得這種待遇。原因是一個人太快被長官拔擢，很容易就會忘了自己是誰，過多的栽培與重視，反而可能讓年輕醫師失去初心，只記得把「晉升獲取下一階段的榮譽」當成是主要目標，忘了服務病人的初衷。

◆ ◆ ◆

當年我與學生分享的這些感言，是否在畢業學生心中帶來影響，我永遠也不會知道，主要是我很少去追蹤學生日後的成就，甚至從來沒有參加過學生的畢業合照，因為我總覺得學生能站在那個畢業合照的鏡頭前，靠的是自己後天的努力，或者也靠先天的父母親優秀的基因結合。我實在不願意和他們站在一起，好像我自己也有功勞一樣。我知道其他合影的老師們有很大的功勞，但我沒有。

所以我只能期待他們，「不會」落入那些我以為的陷阱中。話說，我這位老師一天到晚在那邊「詛咒」學生不要、不會，還真的滿惹人厭的吧！但我相信我們這些老師，只不過是扮演一個擺渡人的角色，把學生從這岸送到彼岸。我這一輩子並不是要當什麼「燈塔」去照亮引領大家（至少我沒能力幹那麼神氣的事）！我能做的就是把人安全送過去，請大家注意不要落水跌倒，就這樣而已。

醫二代、牙二代、「人二代」

在這本小書將要完結前，我覺得有一個已經持續好幾年的議題，是我身為大學教師不能迴避的，我就不拐彎抹角，直接切入正題：是否有特定家世背景的年輕人，更容易成為一位卓越的牙醫師？

在表達我的看法前，我想先提一個可能有違一般認知的觀點，那就是如果我們今天要將一門專業領域的養成效果最大化，我覺得可能直接回到「封建時代」最好。比方中世紀某位打鐵師傅的孩子，從小就跟著長輩一起打鐵，在數十年的扎實訓練下，將這樣技藝代代傳承下去。拿牙醫學系來說，牙醫界的前輩期望自己孩子能繼承衣缽，一點都不令人意外。

在我們每年接觸的大學新生裡，常會遇到這些「牙二代」（甚至二代以上）的例子，在醫學院的其他科系也不算少見。那麼，是否因為他們擁有如此的「先天條件」，未來就會有更好的表現？我的看法是，答案不是必然的，而且我更關心的是同學之間如何看待彼此。我不能要求年輕人閉著眼睛不去感受，因為他們自己會思索「誰家裡好有錢，看過好多懂好多！」「我們家根本沒有人學醫的，要怎樣靠自己打出一片天？」**年輕人會思索的問題，我們不應該迴避。**

◆　◆　◆

我想在此強調，探討學生的家世背景並不是所謂的刻意貼標籤，因為這早已經是學生（身為成年人）理解且思索的議題，今天身為他們的導師，如果硬要規定「不准比較誰比誰家有錢」、「不准過問同學爸媽的期許」，就好像要求學生不講中暑兩個字，就不會發生中暑嗎？這根本毫無意義吧？年輕人渴望思考、渴望進步，而非盲從。

我就先自我坦承吧！我也是二代，我是「教二代」。曾有學生聽到之後說：「難怪大澍老師口才不錯，原來你媽媽也是老師喔。」然後聯想這口才天分應該是「遺傳」吧？同樣會讓人覺得是「遺傳」下來的，還包括各種資源。例如牙醫學系學生就會覺得如果同學爸媽也是牙醫，那之後就會把整家診所交接下來啊——對年輕人而言，豈止減少奮鬥二十年！也因此，我不會意外同學之間會產生看待這些事情的不同觀點。例如，有人會覺得羨慕無比，甚至感到自己居於弱勢，充滿無力感。也有人可能會認為這些都是庸人自擾，無須理會這種差異，搞不好身為「二代」或接受特別資源的關照，反而是更大的壓力呢！是啊！受到父母長輩牽引，滿心期待（不管是自己期待或被期待）成為優秀二代的年輕人，不見得就快樂吧？

這裡我想特別討論，到底在老師與同學眼中，「二代」接受了「一代」什麼傳承？**若認為得到的只有好處，好像「二代」就是天生贏家，或是認為「二代」承受的壓力肯定很大，一定很痛苦吧？都可能是過於偏頗的想像。**我的想法是，「傳承」的往往不只有硬體，也包括軟體，這個意思是說，子女看到的並不只是父母今天傳下來多少資金或設備，而是更多意在言外的人情應對與處事經驗。

就舉我自己的例子吧。我母親在國中擔任了幾十年的導師，我從小就是在這種「二代」環境下生活。我放學到她學校，會看到媽媽還在講台上給學生訂正考卷；我吃晚飯時，媽媽忙著打電話和家長聯繫討論學生的狀況；放假時，她又開始出作業備課，準備下學期的教學。不過很幸運的是，我母親「傳承」給我的，不是「當老師太慘了，聲音都會啞掉」這件事，而是讓幼小的心靈感覺「當老師好神氣，酷！」這就是我所謂軟體的一面。我的幸運並不是因為母親的辛勤工作，讓我拿到了免費的教師證（並沒有）或是遺傳到教訓學生的口才。我幸運地是她讓我看到，原來當老師是件很棒的事。

◆ ◆ ◆

回到一開始說的，這種「你是某某二代，那我只是普通人」的想法，有時的確對同儕之間互動帶來極大的影響，像在媒體或網路上常看到的報導，某某同學家境富裕或人脈關係卓越，因此獲得更好的機會，就會讓年輕人產生比較的心態。

其實我覺得每個人都是「二代」，每位同學都延續著來自成長家庭的優勢與劣勢。我這個「教二代」和「醫二代」各有劣勢也有優勢，「農二代」又有勝過「醫二代」的地方，在我的成長過程中，也有不及「商二代」的歷練。**我們今天在大學裡為什麼強調個體差異，其中有一個原因就在於我們不僅強調人生有不同成就的目標，更強調每個人都有屬於自己獲取幸福的背景與歷程。所有人的公約數：我們都是「人二代」。**

尾聲——始於微末

大概在二〇二二年底，我突然跟同事聊起我打算寫一本書，夾述夾議地記錄自己半生的求學生活。有人問我，幹嘛花時間做這種事呢？我開玩笑地說：「喔，因為再過幾年，陽明交大還要選新的校長啊！」

對我這種最不識相，會在臉書宣稱「如果有一天我當校長，我要……」的跳梁小丑而言，大家對我的冷笑話早就習以為常，甚至還有同事一搭一唱地說：「難怪現在就要開始寫書！學長您真是『超前部署』（競選活動）啊！」

◆　◆　◆

沒錯，我是真的「超前部署」。不過，怎可能是要去選校長或什麼的啦？事實上，感謝這十年來的在校歷練，我現在全身至少被五種慢性病痛纏繞，升官發財早就沒希望了，但這並不讓我失志，因為對我而言，最重要的不是迎合哪些長官、宣傳哪些政策，我想寫書的最重要期盼是，想要年輕老師的聲音被聽見。對我而言，就算明天我一病不起，**但現在的心得與聲音，能被未來的校長或長官聽見，那就是莫大的榮幸了。**

所以我說，我可一點都不想當什麼長官。**但我希望，我們能影響長官。**這不是開玩笑而是真心話，而且，我很希望一所學校裡的年輕老師們都有這樣的期待。我相信大家都有話想說，而且，希望大家的聲音都能被聽到！

◆　◆　◆

如果駐足一下圖書館，我們會發現這所學校從來不缺各項輝煌的紀錄。我們會看到許多幾周年的慶祝紀念，或是某某長官大師的紀念文選。這當然是見證了一所學校的偉大，因為這裡充滿了「偉大」的事蹟與言論。

但所有的偉大都始於微末。諾貝爾獎得主曾經在實驗室幫忙搬貨，偉大的名醫也曾經是個小見習生。我一直相信一件事，會重視年輕老師，會把年輕人的想法當一回事，會盡力照顧年輕學者的這樣一所大學，終將偉大！

也希望這本書能讓更多民眾認識，大學校園裡的年輕老師們從不停歇，繼續書寫他們的故事，始於微末。

致謝

人在年近半百時書寫自己的故事，這個動機於我而言，多半有點「自大」吧！我算是哪號人物，竟然奢望有人聽我的故事？因此我首先要感謝國立陽明交通大學出版社，讓我這樣的小人物也有機會記錄下自己的心聲。我為陽明交大的包容與多元精神感到驕傲！感謝出版社長官的支持，和程惠芳主編從頭到尾持續的協助。

在這段成長的路上，我始終受到許多師長朋友的鼓勵。有些我已經記錄下來，但更多同行的夥伴們，我雖然並未一一在書中指名道姓，但你們同是這條路上的主角！因為你們，我孤獨但不寂寞。

最後我想談一下我的家人。有人這麼說：成功的人生背後總需要某些「推手」。但我最感激我的父母與妻子，恰恰是他們並沒有「推」我。我父母並不認識那些學界或政界大人物，透過關係去拉拔自己子女。我的妻子雖然關心我的工作，但也不像某些超級賢內助，把先生的事業全攬在自己身上去解決。我最幸運的是，身邊這些最親密的人都用他們堅定的立場支持我。若沒有家人的沉著穩定，我不過是無根的浮萍而已。

當然我不會忘記這一切，都是出於身為基督徒的信仰。信仰是遊子的明燈，旅人的拄杖，時時引領困惑迷惘的我。是上帝的恩典，讓我有勇氣留下足跡。

林嘉澍

寫於二〇二三年盛暑

國家圖書館出版品預行編目 (CIP) 資料

此路不通？: 一位大學臭汗教師的學術人生漂流記 / 林嘉澍著.
-- 初版 . -- 新竹市 : 國立陽明交通大學出版社 , 2023.11
256 面 ; 14.8×21 公分　歷史與傳記系列
ISBN 978-986-5470-77-7(平裝)

1.CST: 林嘉澍 2.CST: 傳記

783.3886　11201610

歷史與傳記系列

此路不通？

一名大學臭汗教師的學術人生漂流記

作　　者：林嘉澍
封面設計：兒日設計
美術設計：theBand・變設計—ADA
責任編輯：程惠芳

出 版 者：國立陽明交通大學出版社
發 行 人：林奇宏
社　　長：黃明居
執行主編：程惠芳
地　　址：新竹市大學路 1001 號
讀者服務：03-5712121 轉 50503（週一至週五上午 8:30 至下午 5:00）
傳　　真：03-5731764
E-mail：press@nycu.edu.tw
官　　網：http://press.nycu.edu.tw
FB 粉絲團：http://www.facebook.com/nycupress
印　　刷：中茂分色製版印刷（股）公司
初版日期：2023 年 11 月
定　　價：350 元
I S B N：9789865470777
G P N：1011201371

展售門市查詢：
陽明交通大學出版社 http://press.nycu.edu.tw
三民書局（臺北市重慶南路一段 61 號）
網址：http://www.sanmin.com.tw　電話：02-23617511
或洽政府出版品集中展售門市：
國家書店（臺北市松江路 209 號 1 樓）
網址：http://www.govbooks.com.tw　電話：02-25180207
五南文化廣場臺中總店（臺中市臺灣大道二段 85 號）
網址：http://www.wunanbooks.com.tw　電話：04-22260330